KB064060

중국 관련 헝가리 외무성 외교기밀문서 목록

(1965-1990)

匈牙利外交部中国外交机密资料目录(1965-1990)

이 저서는 2014년 정부(교육부)의 재원으로 한국연구재단의 지원을 받아 수행된 연구임 (NRF-2014S1A5B4063341)

This work was supported by the National Research Foundation of Korea Grant funded by the Korean Government (NRF-2014S1A5B4063341)

중국 관련 헝가리 외무성 외교기밀문서 목록(1965-1990)

초판 1쇄 발행   2016년 10월 28일

편   역 ㅣ 이희옥 · 김보국
펴낸이 ㅣ 윤관백
펴낸곳 ㅣ 도서출판 선인

등록 ㅣ 제5-77호(1998.11.4)
주소 ㅣ 서울시 마포구 마포대로 4다길 4 곳마루 B/D 1층
전화 ㅣ 02)718-6252 / 6257   팩스 ㅣ 02)718-6253
E-mail ㅣ sunin72@chol.com
Homepage ㅣ www.suninbook.com

정가 20,000원

ISBN   979-11-6068-003-4   94900
ISBN   979-11-6068-000-3   (세트)

· 잘못된 책은 바꿔 드립니다.

성균관대학교 해방 전후 한국문제에 대한 국제적 논의 연구총서 3

成均馆大学 解放前后韩国问题国际研究丛书3

중국 관련 헝가리 외무성 외교기밀문서 목록

(1965–1990)

匈牙利外交部中国外交机密资料目录(1965-1990)

이희옥(李熙玉) · 김보국(金保局)

 도서출판 선인

▌출판서문

2015년 중국과 헝가리 정부는 유럽국가로는 처음으로 중국의 야심찬 세계전략인 '일대일로 이니셔티브(One Belt and One Road Initiative)'에 대한 비망록을 교환했다. 이후 금융협력, 산업협력, 헝가리 음악과 중국고전 음악 교류와 같은 다양한 교류로 확대되었다. 이것은 동유럽과 서유럽의 교차점인 헝가리가 지정학적 중요성을 가지고 있을 뿐 아니라 동서부 유럽에서 중국계 상인(華商)이 가장 많은 지역이라는 점에서 자연스러운 결과였다. 사실 헝가리는 1949년 중화인민공화국이 건국하자 10월 4일 중국을 승인하고 이틀 후인 10월 6일에는 외교관계를 수립하는 등 가장 일찍 중국을 승인한 국가의 하나였다. 그러나 이후 헝가리는 사회주의 진영에 속해 있었으나, 1956년 10월 소련의 강권정치에 반대하고 민주화 운동을 전개했다. 비록 소련의 두 차례의 군사개입으로 이 운동은 실패하고 수많은 희생자와 물질적 손실을 입었으나 헝가리정치의 위상을 보여준 일대 사건이었다.

중국은 건국 이후 헝가리와의 관계를 안정적으로 강화하고자 했다. 1957년 1월에는 저우은라이 총리가 헝가리를 방문했고 이어 카다르 야노쉬(Kádár János)가 이끄는 헝가리 정부대표단이 중국을 방문하는 등 고위급 교류가 빈번했다. 그러나 1959년 헝가리 도비 이슈트반(Dobi István) 국가주석의 중국방문과 중국공산당 중앙 서기처 탄전린(譚震林)이 헝가리 사회주의 노동자당 제7차 대회에 참석하는 것을 마지막으로 1950년대 말 이후 양국의 고위급 교류는 단절되었다. 특히 1960년대 중소분쟁의 여파로 소련일변도 정치를 전개한 헝가리 당과 국가정책으로 소련의 수정주의를 비판하던 중국과는 효율적인 관계를 수립할 수 없었다. 이런 점에서 양국관계가 냉각되었고 정상적 국가관계를 유지하는 데에도 어려움을 겪을 수밖에 없었다. 1960년대 중반 중국에서 문화대혁명의 전운이 감돌 때부터 양국은 비록 정상적 국가관계를 유지했지만, 공산당과 사회주의노동자당의 교류는 중단되었다.

이러한 오랜 단절은 냉전구조가 상대적으로 약화되고 중국이 '제2차혁명'이라는 개혁개방을 본격적으로 추진하는 과정에서 1980년대 말 이후 양국관계도 정상화되었고 고위급 교류를 포함한 인적교류가 크게 증대했다. 1984년에는 중국의 국무위원 겸 대외경제무역부장인 천모화(陈慕华)가 헝가리를 방문하는 것을 계기로 20년 만에 고위급 교류의 물고를 텄다. 특히 이 시기는 중국이 농촌개혁을 도시개혁으로 옮겨올 때라는 점에서 주로 경제와 기술협력을 적극적으로 추진하고자 했다. 이어 헝가리 부총리 머러이 요제프(Marjai József)가 중국을 방문했으며 이를 계기로 경제, 무역, 과학기술 협력위원회를 정식으로 발족시켰다. 이후 양국은 다양한 영역에서 교류가 이루어졌고 이러한 성과를 바탕으로 1989년 10월에는 중화인민공화국 건국40주년을 기념해 헝가리에서는 제1차 '중국문화주간'을 거행하기도 했다. 사실 헝가리가 중유럽과 동유럽 지역에서 비자 없이 중국상인을 받아늘이기 시작한 것도 이 무렵이다.

그러나 1989년 소련과 동유럽의 대변화는 헝가리를 피해가지 않았다. 헝가리는 탈냉전이라는 새로운 질서가 열리자 높은 민족적 자의식과 민주화운동의 경험에 기초해 가장 빠르게 새로운 길을 찾고자 했다. 우선 북대서양조약기구(NATO)에 가입하는 등 외교의 중점을 유럽으로 옮기는 등 서방중심외교를 강화하기 시작했다. 이러한 과정에서 당시 만해도 낙후된 중국과의 교류는 정책의 우선순위가 아니었기 때문에 양국간 교류는 상대적으로 감소했다. 그럼에도 불구하고 중국이 천안문 사건 이후 서방의 제재로 인해 고립이 진행되는 과정에서도 1990년 11월 헝가리 문화교육부 부국무비서인 페케테 죄르지(Fekete György)가 헝가리 문화대표단을 이끌고 중국을 방문하는 등 양국 교류의 모멘텀을 유지해왔고 중국의 부상이 본격화되면서 양국간 교류도 매우 발전했다. 현재 중국의 대헝가리 투자는 약 30억 달러에 달하고 부다페스트 지역에서는 중국인 상품이 넘쳐나고 있으며 2만여 명의 중국인들이 거주하고 있는 등 국제무역, 금융, 통신설비, 항공, 가전, 신에너지, 물류와 여행업 등 다양한 영역에서 교류가 폭발적으로 증가했다.

여기에 실린 이 자료는 1965년 문화혁명의 전운이 감돌기 시작할 무렵부터 1990년 소련과 동유럽 몰락이 헝가리에 직접적으로 미친 시기의 중국관련 자료를 중심으로 정리한 것이다. 여기에는 주중국 헝가리 대사관의 다양한 정세보고는 물론이고 면담기록, 주변대사관으로부터 획득한 정보 등 세세한 자료를 담고 있다. 이 책에서는 중국과 관련된 정보 이외에 중국과 북한, 중국과 일본, 중국과 인도차이나 등 중국과 연관된 다른 지역의 자료도 함께 포함했다. 이러한 자료의 수집과 정리를 시작한 것은 동유럽에서 냉전기 자료가 해제되면서 정보경쟁으로 일컬을 정도로 많은 국가들이 이 분야 연구에 경쟁적으로 뛰어들고 있다. 중국도 이미 막대한 예산을 투입해 대형 프로젝트 팀을 꾸려 동유럽 일대에 산재한 냉전기 자료획득과 해제작업을 진행 중이고 미국과 일본 등도 역사적 가치와 정책적 필요성 때문에 이 연구에 뛰어들었다. 문헌수집을 위해 헝가리를 방문할 때마다 아카이브에서 이들 연구자들과 조우하는 일은 매우 일상적인 일이 되었다.

헝가리 외무성에서 생성된 외교문서들은 법정 보관연한이 경과한 후 선별하여 헝가리 국립 문서보관소에 소장된다. 헝가리 외무성 자료들은 크게 두 가지로 구분되는 데 그 하나는 흔히 "뛰끄(TÜK, Titkis ügykezelés)"로 불리며, 주로 정치·외교적으로 민감한 자료들인 외교기밀문서들이다. 이 외교기밀문서들은 관련 교육을 수행한 이들만 취급할 수 있는 자료들이다. 또 하나의 헝가리 외무성 자료들은 주로 교육과 문화 등을 포함하여 외무성의 행정 문서들인데, 이는 보통 일반행정기밀문서(általános ügykezelésű iratok)라고 하며, 이 자료들 또한 대부분은 기밀로 분류되어 있고 때로는 중요한 역사·정치적 함의를 가진 자료들도 상당수 포함하고 있다. 헝가리 국립 문서보관소에 소장 중인 남북한 관련 헝가리 외교문서들을 10년 동안 연구하며, 중국 자료로 분류된 헝가리 외교문서들을 접하게 되었고, 중국 관련 자료에 관심이 있는 해외의 학자들과 연구의 성과를 나누고자 하는 마음으로 우선 외교기밀(TÜK)문서들의 목록을 출판하게 되었다. 이 자료들의 일부는 헝가리 국립 문서보관소에서 정리한 내용을 바탕으로 실제 자료와 대조 후 첨삭하였으나, 고백하건데 아직 완전한 형태라고 보기는 어렵다. 특히 중국 현대사, 외교사, 국제관계사 등에 대한 지식 없이는 외교문서의 행간의 의미를 파악하기 어렵지만 워낙 방대한 내용이라서 우선 그 목록만 간추려서 출판하게 되었다.

우리 연구팀도 이 작업에 비록 늦게 뛰어들었지만, 한국과 중국 그리고 동아시아를 중심으로 집중적 자료수집과 번역작업 그리고 체계적인 해제 작업을 발 빠르게 진행하고 있다. 한국연구재단의 든든한 후원이 있었지만 여전히 막대하고 방대한 자료에 비해 제한된 인력과 예산의 한계를 절감하고 있다. 무엇보다 헝가리에서 전산화되지 않은 원자료와 비디오 자료 등을 수작업으로 확인하고 진행하기 위해 헝가리에 안정적 네트워크를 십분 활용하는 한편 현지 연구원들을 동원하는 등 발로 뛰는 특유의 성실성을 통해 일정한 성과를 거두고 있다. 이 작업은 헝가리어 자료의 가치를 확인하고 이를 번역하면 그 경중과 정치적 의미를 가려 다시 분류한 후

본격적인 표제작업을 진행했다. 특히 한글과 중국어 표제 작업을 동시에 진행함으로써 국제적연구의 교두보를 확보하고 국제협동연구의 기반을 갖출 수 있게 되었다. 비록 표제 작업에 국한되어 있지만 이것은 자료의 소재를 확인할 수 있다는 점에서 후속연구의 수월성을 극대화할 수 있는 토대일 뿐 아니라, 동유럽 다른 국가의 관련 자료를 비교의 관점에서 연구할 수 있는 연구기반을 제공할 수 있을 것으로 기대한다. 다소 무모한 시도임을 모르는 바는 아니지만, 향후 관심 있는 외국의 연구자들과 함께 깊이 있는 연구를 할 수 있는, 하나의 시작점으로서 이 시도를 너그럽게 여겨 주기를 바랄 뿐이다.

연구팀의 산파 역할을 맡아 출범 후 2년여를 이끌어 왔으며, 지금도 동아시아학술원장으로서 행정적인 지원을 아끼지 않는 진재교 교수에게 감사의 인사를 전한다. 이 작업에는 헝가리와 한국을 오가며 이 작업을 전개한 헝가리 연구팀의 헌신적 노력과 협력, 그리고 이 일의 주무를 맡아 헝가리-한국어 번역 전체를 맡았던 김보국 연구원, 이를 다시 한국어와 중국어로 옮기는 과정에서 여러 차례의 교정과 교열에 참여한 동아시아학술원 박사과정 학생 바양과 성균중국연구소 안보(安波) 연구원에도 감사를 표한다. 다만 원자료 자체의 오류에서 비롯된 인명과 지명 그리고 직책에 대한 모호한 표현, 그리고 이를 중역하면서 나타난 표기상의 오류는 불가피할 것으로 보인다. 실제로 중요한 직책이 아닌 참사관 등의 인명은 중국어로 표기하는 것이 어려워 원문 그대로 둔 경우도 있었다. 이에 대해서는 연구팀의 책임이다. 독자 여러분의 질정을 바란다.

성균관대학교 해방 전후 한국문제에 대한 국제적 논의 연구팀을 대표해
2016년 09월
이희옥, 김보국 배

▍出版序言

　　2015年中国与匈牙利政府就彰显中国雄心的世界战略"一带一路"倡议(One Belt and One Road Initiative)相互交换了备忘录, 匈牙利成为欧洲第一个与中国政府签约的国家。之后两国相继在金融合作、产业合作、匈牙利音乐与中国古典音乐等领域展开交流。匈牙利地处东欧和西欧的交汇处, 不仅在地缘政治学上具有十分重要的地位, 也是东西欧华人商人最为聚集的地区, 因此与中国签订条约是顺理成章的结果。事实上匈牙利早在中华人民共和国建国之初的1949年10月4日就承认了中国的国家地位, 并于两天后, 即10月6日与中国建立了外交关系, 成为最早承认中国的国家之一。之后隶属于社会主义阵营的匈牙利, 自1956年10月开始反对苏联的强权政治并展开民主化运动。虽然苏联的两次军事介入使匈牙利的民主运动最终流产, 给匈牙利带来了难以估量的牺牲和物质损失, 但这也成为彰显匈牙利政治地位的一大事件。

　　建国后中国不断加强与匈牙利的安全关系, 1957年1月周恩来总理访问匈牙利, 随后Kadar Janos率领匈牙利政府代表团对中国进行了访问, 此后两国频繁开展高规格的交流活动。但是自1959年匈牙利国家主席Dobi István访问中国, 以及中国共产党中央书记处谭震林参加匈牙利社会主义劳动者党第7次大会之后, 也就是自1950年末,两国间的高规格交流中断了。特别是1960年中苏纷争, 匈牙利政党实施支持苏联一边倒的政治政策, 中国批判苏联修正主义的国家政策，导致两国关系中断。虽然之后两国关系逐渐冷却，但始终处于艰难维持正常国家关系的困境中。20世纪60年代中期，中国开始了文化大革命，两国才又重新建立了正常的国际关系，但是共产党和社会主义劳动者党依然处于断交的状态。

随着冷战结构的逐渐弱化，被称为"二次革命"的改革开放正式在中国展开，20世纪80年代以后，长时间中断交流的两国关系逐步走上正常化，包括高规格交流在内的一系列人员交流不断扩大。1984年中国国务委员兼对外经贸部部长陈慕华访问匈牙利，以此为契机短短20年两国间高规格的交流活动不断开展。特别是这一时期中国的改革从农村扩大到城市，以经济和技术协作为主导的改革积极展开。随后匈牙利副总理Marjai József访问中国，经济、贸易、科学技术协作委员会正式成立，两国在多重领域实现了交流。1989年10月中国人民共和国建国40周年之际，匈牙利举行了第一届"中国文化周"，匈牙利在中欧和东欧地区对中国商人免签也是从这时候开始的。

1989年苏联和东欧发生了巨变，匈牙利也未能独善其身。匈牙利在脱冷战的新秩序下，伴随着高涨的民族意识和民主化运动迅速寻找新出路，通过加入北大西洋公约(NATO)等一系列活动将外交重心转向欧洲，开始强化以西方中心的外交策略。再加上当时与较为落后的中国间的交流并不是匈牙利政治层面的优先选择，两国间的交流逐渐减少。尽管如此，天安门事件之后，中国由于受到西方的制裁相对孤立，但1990年11月匈牙利文化教育部国务副秘书Fekete György率领匈牙利文化代表团访问中国，叩开了两国继续维持交流的大门。随着中国的崛起两国间的交流更加活跃，现在中国对匈牙利的投资达到了30亿美元，布达佩斯随处可见中国的商品，同时约有2万余名中国人定居在布达佩斯，两国在国际贸易、金融、通信设施、航空、家电、新能源、物流、旅游业等各个领域的交流大幅提升。

本书收集了从1956年文化大革命风起云涌之际到1990年苏联东欧没落之

时，匈牙利保存的有关中国的各种资料，并悉数收集了匈牙利驻中国大使馆的各种形势报告、会谈记录、以及从周边国家大使馆处获得的各种详细资料。书中不仅收录了相关中国资料，还包含中国与北韩、中国与日本、中国与印度尼西亚等其它地区的资料。这些资料的收集与整理工作得以开展，源于东欧冷战时期的资料获得公开，许多国家相继围绕这一领域展开研究工作及情报竞争。中国也投入了大量的资金，组织了庞大的项目组，进行东欧一带公开资料的收集及研究工作。美国和日本等国家也从历史价值和自身政策的必要性出发，加入到这一研究当中。

按照规定匈牙利外交部的外交文件达到法定保管年限之后，经筛选存放在匈牙利国家档案馆。匈牙利外交部的资料大致分为两类，一类被称为"TÜK"，主要是较为敏感的政治外交类机密文件，这些资料只有经过外交机密文件相关培训的人才能查阅。另一类资料主要包括涉及教育文化等方面的外交部行政文件，这些文件是普通行政机密文件，但这些资料中的大部分也属于机密文件，具有重要的历史、政治意义。海外学者近十余年时间一直致力于研究匈牙利国家档案馆所藏的南北韩外交资料，并将匈牙利外交文件中有关中国的资料进行归档，给予关注。为了与海外学者分享研究成果，项目组首先出版了外交机密(TÜK)文件目录。这些资料的一部分是在匈牙利国家档案局整理出的基础上，通过跟原件对照增删而成，资料本身还不够完善。由于缺乏中国现代史、外交史、国际关系史等方面的专业知识，很难把握外交文件字里行间的意义，再加上庞大的资料数量，所以暂时先出版简易的目录。

虽然我们研究小组的工作开展较晚，但是以韩国、中国以及东亚为中心的资料收集工作、翻译工作、研究工作迅速展开。项目组虽有韩国研究财团雄厚的财力支持，但比起庞大的资料仍是杯水车薪，在人力和预算上仍感到捉襟见肘。另外匈牙利还没实现资料的数据化，为了保证人工确认原始资料和录音资料，项目组一方面充分利用匈牙利的安全网络，一方面鼓励研究员发挥勤勉务实的精神，在此基础上项目组的研究工作取得了一定成果：首先确认匈牙利资料的价值并进行翻译，分析其中的重要性和政治意义，其次对资料进行分类，最后进行标题工作。特别是韩语和汉语标题工作同时进行，使项目组坚守住了国际研究的桥头堡，具备了国际协同研究的根基。虽然目前研究工作只局限于标题，但这对确认资料素材，保证日后研究最大化地顺利进行具有不可忽视的作用，期待这项工作为从比较的观点研究东欧其它国家相关资料提供研究基础。希望日后与对此感兴趣的外国学者一道进行更为深入的研究，这本目录作为一个开始，还望各位海涵。

最后向项目组的各位同仁表达深深的感谢。陈在教教授一直领导研究组两年多来的工作，现在作为东亚学术院院长，又在行政上给予项目组以极大支持，在此首先向陈在教教授表达深切的谢意。同时向多次往返韩国和匈牙利开展项目，付出极大努力与协作，在项目组承担主要任务，并承担全部匈牙利语翻译成韩语任务的金保局研究员，以及经过多次修正与校对，将韩语翻译成汉语的东亚学术院的博士生巴扬和成均中国研究所的安波研究员一并表示感谢。由于原始资料自身存在错误，人名、地名、职位标记模糊，以及二次翻译中出现的标记错误不可避免。另外一部分不担任重要职务的参事官员，很难用汉语标记人名，所以为正确起见直接在书中用原文标记。对此事项项目组愿意承担责任，并希望读者给予指正。

谨代表成均馆大学解放前后韩国国际问题研究组

2016年9月

李熙玉、金保局 敬

목　차

중국 관련 헝가리 외무성 외교기밀문서 목록 (1965-1990)

匈牙利外交部中国外交机密资料目录(1965-1990)

1965년(年)

Box 번호	파일번호	제목
70	78-10	중국 외교정책의 일반지침. 中国外交政策的一般方针
70	78-105	개발도상국가와 중국의 관계. 发展中国家与中国的关系
70	78-130	헝가리 정당과 정부사절단의 베이징 방문. 匈牙利政党及政府使团访问北京
70	78-14	양국 관계의 추이. 匈牙利-中国两国关系的发展变化
70	78-142	대사 보고. /1964년/ 大使报告/1964年/
70	78-146	국제 문제와 입장에 대한 헝가리와 중국 외교관의 상호 정보 및 소개. 匈牙利及中国外交官就国际问题及立场相互交流信息及介绍
70	78-154	이동 제한. 移动限制
71	78-162	국가 경축일, 중국-헝가리 기념일의 상호 축하 행사. 国家庆祝日、中国与匈牙利在纪念日相互祝贺活动
71	78-20	중국의 외교 정책과 내부 상황. 中国的外交政策与内部情况
71	78-212	제3차 전국인민대표회의 제1차 회의. 第三届全国人民代表大会第一次会议
71	78-22	중국의 국가 지도자 인사 구성, 변화, 문제점들. 中国国家领导人的人事组织结构、变化及问题
71	78-23	중국의 선거. 中国的选举

71	78-250	중국 공산당과 파벌. 中国共产党和派系
71	78-260	세계노동조합연맹과의 관계에 대한 중국의 입장. 中国有关世界工会联盟的立场
71	78-27	주요(소수)민족 지역의 불안정./티베트,신장,내몽골/ 主要(少数)民族地区的不安定 /西藏、新疆、内蒙古/
71	78-30	국가안전기구 대표자들 앞에서 류사오치의 연설. 刘少奇在国家安全局代表前的讲话
71	78-312	중국의 일부 지역들에서 타이완 삐라 살포. 台湾在中国部分地区散发的传单
71	78-40	중국의 군인상황. 핵실험. 中国的军人情况、核试验
71	78-50	중국 국민경제 상황. 中国国民经济情况
71	78-513	중국의 제3차 5개년계획. 中国的第三个五年计划
71	78-532	중국에서 핵산업 현황. 中国的核能产业情况
71	78-533	파이프 공장의 시위. 管道工厂的抗议
71	78-541	헝가리-중국의 기술-학술 협력. 匈牙利-中国间的技术、学术合作
71	78-55	중국 농업의 몇 가지 문제점. 中国农业存在的几个问题
71	78-57	중국의 대외무역. 中国的对外贸易
71	78-571	헝가리-중국의 무역관계. 匈牙利与中国的贸易关系
71	78-576	1964년 베이징 상무관의 보고 요약. 1964年北京商务官员报告概要

71	78-577	1965년 부다페스트 국제 박람회에 저우언라이에 대한 까다르 야노쉬(Kádár János) 동지의 초청장. 1965年布达佩斯国际博览会Kádár János发给周恩来的邀请函
71	78-586	관광. 观光
71	78-71	헝가리-중국의 문화관계. 匈牙利与中国的文化关系
71	78-714	헝가리-중국의 문화 사업계획. 중국(대사관) 문화담당자의 (헝가리) 교육성(省) 방문. 匈牙利与中国的文化项目计划, 中国(大使馆的)文化负责人访问 (匈牙利)教育部
71	78-72	중국 교육 상황. 중국에서 외국어 교육 진흥.` 中国的教育状况, 中国的外语教育振兴
72	78-722	장학생 건. 중국-헝가리 장학생 교류 및 중국에 헝가리의 문화 사절단 파견. 奖学金获得者, 中国-匈牙利互换奖学金学生及匈牙利向中国派遣文化使团
72	78-724	베이징의 헝가리어 강의자. 北京的匈牙利语教师
72	78-730	(양국) 학술원의 관계. (两国)学术院的关系
72	78-742	헝가리-중국 관계에서 도서 출판과 도서 전시. 有关匈牙利-中国两国关系的图书出版及展示
72	78-75	헝가리-중국의 문학,예술 관계. 匈牙利-中国的文化、艺术关系
72	78-80	중국의 선전 사업. 중국 언론에 관한 요약. 헝가리에 관한 중국의 언론. 中国的宣传工作, 中国舆论概况, 中国方面关于匈牙利的言论
72	78-83	언론계 특파원들. 舆论界特派员

72	78-833	헝가리 공보(公報)중국판. 匈牙利公报汉语版
72	78-851	헝가리-중국 TV 관계. 중국과 제3세계의 관계. 1. 중국-알바니아-조선-미국-쿠바-불가리아-모로코-프랑스-독일-기니아-파키스탄-소련-캄보디아-베트남의 정치 및 일반 관계. 2. 중국-동독의 정당관계. 5. 중국-오스트리아-소련-루마니아-베트남의 경제 관계. 匈牙利-中国的TV关系, 中国与第三世界的关系, 1.中国-阿尔巴尼亚-朝鲜-美国-古巴-保加利亚-摩洛哥-法国-德国-几内亚-巴基斯坦-苏联-柬埔寨-越南的政治及其他关系；2.中国-东德政党之间的关系；5.中国-奥地利-苏联-罗马尼亚-越南的经济关系。
72	78-85	7. 중국-불가리아-체코슬로바키아-동독-소련의 문화 관계. 8. 중국-스위스의 선전 활동. V. 중국-유엔 VI. 50. 중국-경제상호원조회의(KGST). VII. 6. 노동조합 세계연맹과 중국의 관계. VII. 22. 중국-국제 적십자사. 7.中国-保加利亚-捷克斯洛伐克-东德-苏联的文化关系；8.中国-瑞士的宣传活动。V.中国-联合国(UN)；VI.50.中国-经济相互援助会议(KGST)；VII. 6.世界劳动工会联盟与中国的关系；VII. 22. 中国-国际红十字会。

Box 번호	파일번호	제목
72	78-10	중국의 외교 정책. 중국의 외교 상황에 대한 의견, 성명서들. 中国的外交政策, 有关中国外交情况的建议及说明书。
72	78-109	이력서 자료, (인물) 특징. 简历资料, (人物)特点
72	78-14	헝가리-중국 관계 추이. 匈牙利-中国关系的发展变化
72	78-142	1965년 대사(大使)의 보고 요약. 1965年大使报告概要
72	78-162	헝가리와 중국의 국가 경축일, 기념일 행사. 匈牙利与中国的国家庆祝日、纪念日活动
72	78-165	텅페이비서의 바쯔라또뜨(Vácrátót, 헝가리 지명) 식물원 방문. 中国秘书滕培访问Váerátót(匈牙利地名)植物园
72	78-20	중국의 내정상황과 평가. 中国的内政状况及评价
72	78-200.1	지방 여행과 견문. 地方各地旅行及见闻
72	78-221	비판당하거나 교체된 중국 지도자 명단. 受到批判或替换的中国领导人名单
72	78-23	베이징이 선거. 北京选举
72	78-24	중국에서 대중교통, 홍위병의 활동. 中国的公共交通、红卫兵活动
72	78-250	중국공산당의 문제. 중국공산당 정치국 전체회의. 中国共产党的问题、中国共产党中央政治局全体会议

72	78-260	전국직업동맹 전국평의회 사절단 방문에 대한 중국의 환대. 全国职业同盟评议会使团访问中国并受到中国款待
72	78-261	중국의 청년운동. 中国的青年运动
72	78-27	티베트 문제. 西藏问题
72	78-35	중국 국적과 해외 국적자들의 관계. 持有中国国籍的人和具有其他国籍的华人间的关系
72	78-352	중국 국적인들의 망명신청. 中国国籍的人流亡申请
72	78-40	중국의 군사회의. 중국 미사일 실험의 반응. 中国的军事会议、中国导弹试验的反应
72	78-50	중국의 내부경제 상황. 中国内部经济状况
72	78-541	헝가리-중국의 기술 학술 협력 위원회 제10차 회의. 匈牙利-中国学术技术合作委员会第10次会议
72	78-560	중국의 교통상황. 中国的交通情况
72	78-568	우표 전시회와 관련한 중국 대사관의 인식. 中国大使馆对邮票展会的认识
72	78-57	중국의 무역정책. 中国的贸易政策
72	78-571	헝가리-중국의 무역관계. 1966년 부다페스트 국제 박람회의 중국 정부 사절단. 匈牙利-中国的贸易关系, 1966年布达佩斯国际博览会中的中国政府代表团
72	78-586	이부쓰(IBUSZ, 헝가리 국영 여행사) 단체 여행과 관련한 참조. IBUSZ(匈牙利国营旅行社)团体旅行相关材料
73	78-70	중국에서 "문화대혁명". 중국 지도자의 성명. 문화대혁명에 대한 외교관들의 의견.

		中国的"文化大革命"、中国领导人的声明、外交官对文化大革命的意见
73	78-714	1976년 헝가리-중국 문화교류 1976年匈牙利-中国的文化交流
73	78-722	헝가리-중국 장학생 교환 및 이와 관련된 반(反)헝가리 캠페인. 匈牙利-中国互换奖学金学生及相关的反匈牙利阵营
73	78-772	헝가리-중국 스포츠 관계. 匈牙利-中国的体育关系
73	78-80	"문화대혁명"과정의 언론과 선전 활동 추이. "文化大革命"中的舆论宣传活动趋势
73	78-81	헝가리-중국의 상호 미디어 소개. 匈牙利-中国双方媒体介绍
73	78-813	부다페스트 중국 대사관의 선전 활동 제한. 대사관의 공보건. 布达佩斯中国大使馆的宣传活动提案、大使馆的公报(件)
73	78-86	대사관 영화 상영을 통한 중국의 선전 활동 강화. 通过在大使馆放映电影强化中国的宣传活动
73	78-999	중국과 제3세계국가의 관계. 中国与第三世界国家的关系
73	78-999.1	1. 중국-알바니아-조선-미국-쿠바-영국-몽골-버마-동독-체코슬로바키아-루마니아-아랍연합공화국-소련-네덜란드-베트남-인도의 정치 및 일반 관계 1.中国-阿尔巴尼亚-朝鲜-美国-古巴-英国-蒙古-缅甸-东德-捷克斯洛伐克-罗马尼亚-阿拉伯联合共和国-苏联-荷兰-越南-印度的政治及其他关系
74	78-999.2	2. 중국-알바니아-불가리아-프랑스-일본-소련의 정당 관계. 2.中国-阿尔巴尼亚-保加利亚-法国-日本-苏联的政党关系
74	78-999.4	4. 중국-미국의 핵 실험. 4.中国-美国的核试验

74	78-999.5	5. 중국-영국-홍콩-캐나다-소련의 경제관계. 5.中国-英国-香港-加拿大-苏联的经济关系
74	78-999.7	7. 중국-볼리비아-체코슬로바키아-폴란드의 문화 관계. 7.中国-玻利维亚-捷克斯洛伐克-波兰的文化关系
74	78-999.7	7. 중국-동독-루마니아의 문화 관계. 7.中国-东德-罗马尼亚的文化关系
74	78-999.8	8. 중국-알바니아의 언론 관계 및 대사관의 영화 상영회. 중국-UN 회원국. 8.中国-阿尔巴尼亚的媒体关系及大使馆内电影放映会、中国-联合国(UN)会员国
74	78-VII	베이징 제7차 국제 물리학자 심포지움. 北京第7届国际物理学者专题研讨会

Box 번호	문서번호	제목
58	01183/1	국제 상황에 대한 천이의 연설. 陈毅对国际情况的讲话
58	001177	베이징 외교 단체. 北京的外交团体
58	00570,1	부다페스트 중국 대사관의 선전 활동. 布达佩斯中国大使馆的宣传活动
58	00570/8	부다페스트 중국대사관의 활동에 대한 시인(詩人)벌라시(Balássy)와 대화. 与诗人Balássy就布达佩斯中国使馆活动的对话
58	001174/1-ig	문화대혁명에서 마오쩌둥의 역할. 文化大革命中毛泽东的作用
58	001183	중국의 분할 정치의 새로운 특징. 中国政治分裂的新特征
58	001186	동남아 국가와 중국의 관계 추이에 있어 몇 가지 특징. 东南亚各国与中国发展关系的几个特点
58	001222/1	중국 대사관의 헝가리 비난사진 모음. 中国大使馆诽谤匈牙利照片集
58	001222/2	하노이 중국 대사관의 계속된 반소(反蘇)자극. 河内中国大使馆的反苏行为
58	001304	1966년 헝가리와 중국의 관계 추이. 1966年匈牙利和中国关系发展变化
58	001325	부다페스트 중국 대사관의 사진 전시. 布达佩斯中国大使馆照片展览
58	001525/1-ig,2	헝가리-중국 관계에 대한 보고. 有关匈牙利-中国关系的报告

58	001525/6	평의회의 보고. 评议会议报告
58	001525/7	1967년 3월 7일 각 부처간 회의에 관한 기록. 1967年3月7日各部门会议记录
58	001525/8	1967년 3월 7일 각 부처간 회의에 관한 기록 수정. 1967年3月7日各部门会议记录修订内容
58	001525/9	헝가리와 중국 관계의 예상되는 추이. 匈牙利与中国关系的变化预测
58	001525/10	헝가리와 중국 관계 보고. 匈牙利与中国两国关系的报告
58	001851	시카초프(Szikacsov) 소련 대사관의 참사관(參事官)방문. 苏联大使馆参赞Szikacsov访问
58	002108	1966년의 대사 보고. 1966年大使报告
58	00427,1	중국 대사관 대상으로 적용된 제한조치에 대한 체코슬로바키아의 관심. 捷克斯洛伐克对中国大使馆适用的限制性措施的关注
58	00570/9	부다페스트 중국 대사관의 활동과 관련된 제안. 布达佩斯中国大使馆相关活动提案
58	00948/4-ig	1월 27일의 사고에 대한 부다페스트 중국 대사의 항의. 布达佩斯的中国大使对1月27日事故报告的抗议
58	00948/5	모스크바 사건으로 인한 부다페스트 중국 대사의 항의. 莫斯科事件导致布达佩斯的中国大使抗议
58	00948/6	부다페스트 중국 대사관 직원의 귀국. 布达佩斯的中国大使馆人员归国
58	00948/7	헝가리 지도자의 반(反)중국 성명으로 인한 한커화 중국 대사의 항의. 中国大使韩克华抗议匈牙利领导人反华声明
58	00948/8	(헝가리) 외무성과 부다페스트 중국 대사관 공식 접촉 형식에 대한 제안. 匈牙利外交部和布达佩斯中国大使馆间的公开接触方式建议

58	001187/24	현재 중국의 상황에 대한 사회주의 국가 대사 회의. /베이징/ 社会主义国家大使针对当时中国情况召开会议 /北京/
58	00948/51	소위 반(反)중국 활동으로 인한 중국 임시대리공사의 항의. 中国临时代理公使对反华活动的抗议
58	001222	중국 대사관 사진전시판에 놓인 헝가리와 관련된 자료. 中国大使馆照片展板中有关匈牙利的资料
58	001234	특송 우편에 대한 경험. /중국/ 有关特快专递的经验 /中国/
58	001525/11	헝가리-중국 관계 추이와 중국의 상황. 匈牙利-中国关系发展变化及中国的情况
58	002846	상하이 여행. 上海旅行
58	002846/1	광둥여행. 广东旅行
58	003804,1	중국 임시대리공사의 항의 中国临时代理公使的抗议
58	004017	퍼르꺼쉬(Farkas) 참사관(參事官)의 이임 방문. 参赞Farkaskas离任访问
58	004266,1	(소련) 10월 혁명 50주년 기념. (苏联)十月革命50周年纪念
58	001187/43	베이징의 외교 단체에 대한 중국 기관들의 자극적 도발 심화. 中国机关对驻北京外交团体的挑衅扩大
58	002378	1967년 4월 4일(헝가리 해방절) 리셉션. 1967年4月4日(匈牙利解放日)酒会
58	003530/1,2	베를린, 헤이그에서의 중국 부(副)무관의 칵테일 파티. 中国副武馆在柏林、海牙举行的鸡尾酒会
58	003537,1,2,3,4,5,6,11-ig	중화인민공화국 창건 제18주년 기념에 대한 제안. 中华人民共和国创建18周年纪念提案

58	003591	헝가리 우편 협회에 (보낸) 회신(回信). 匈牙利邮政协会的回信
58	001187/3	저우언라이의 1월 12일 연설. 周恩来1月12日演讲
58	001187/4,14	문화대혁명에서 노동자와 농민의 움직임. 文化大革命中劳动者和农民的移动
58	001187/15,17, 21,22,23,26,27, 29,30,32,33,34, 36,37,41	문화대혁명. 文化大革命
58	001187/42,45, 46,49,50,52,53, 59,61,67,68,71	문화대혁명. 文化大革命
58	002280	중국의 내부 정치적 상황에 대한 당 대회의 보고. 党代表大会有关中国内部政治情况的报告
58	002356	현재 중국의 상황에 대한 소개. 对中国当前情况的介绍
58	001187/5	중국의 문화대혁명. 中国的文化大革命
58	001187/6	신권력의 기본 방침에 대한 발표. 新权利基本方针的发言
58	001187/7	주더, 류사오치, 마오쩌둥의 회동. 朱德、刘少奇、毛泽东碰头会
58	001187/8	홍위병들 앞에서의 장칭의 연설. 江青在红卫兵面前的讲话
58	001187/9	주더에 대해 "극악한 범죄"로 비판. 朱德对"残暴犯罪"的批判
58	001187/10	보이보의 죄목들. 薄一波的罪名
58	001187/11	덩샤오핑의 자기비판. 邓小平的自我批判

58	001187/12	중국 공산당 중앙위원회 비서의 2월 11일 공지. 中国共产党中央委员会秘书2月11日公告
58	001187/16	저우언라이 2월 11일 연설. 周恩来2月11日讲话
58	001187/19	홍위병 앞에서 콰이타푸(Kuaj Ta fu)의 연설. 蒯大富在红卫兵面前的讲话
58	001187/20	상하이 지도자들과 나눈 마오(Mao)의 대화. 毛泽东与上海领导人的谈话
58	001187/35	군사학교와 홍위병 앞에서 행한 린뱌오의 연설. 林彪在军事院校和红卫兵面前发表讲话
58	001187/39	마오쩌둥의 명령들. 毛泽东的命令
58	001187/40	천이에 대한 반격. 反对、攻击陈毅
58	001187/54	마오쩌둥의 성명들. 毛泽东的声明
58	001187/55	문화대혁명에 대한 린뱌오 의견. 林彪对文化大革命的意见
58	001187/56	마오쩌둥의 국내시찰. 毛泽东的国内视察
58	001187/57	저우언 라이의 9월 20일 연설. 周恩来9月20日讲话
58	001187/58	린뱌오의 8월 9일 연설. 林彪8月9日讲话
58	001187/60	후난의 경험에 기초한 마오의 명령. 毛泽东根据湖南经验下达的命令
58	001187/63	하지에 후치(Hazie Fucsi)의 10월 24일 연설. Hazie Fucsi在10月24日发表的演讲
58	001187/64	홍위병의 출판물에 등장한 양상쿤 비판 기사들. 红卫兵刊物刊载的批判杨尚昆的报道

58	001187/69	마오쩌둥의 최근 몇 달 동안의 주요한 명령. 毛泽东最近几个月的主要命令
58	001187/70	대자보를 상하이 거리에 걸어 둘 것에 대한 저우언라이의 명령. 周恩来对上海街道悬挂的大字标语的命令
58	001187/73	중국의 사건에 대해라는 제목의 카탈로그. 有关中国事件的题目目录册
59	001187/003623 /2-ig,3,4,5	9월 14일부터 10월 13일까지의 중국 내부 상황과 헝가리-중국 관계에 대한 상황 보고. 9月14日至10月13日中国内部情况和匈牙利-中国两国关系的报告
59	001187-2-ig,	중국에서 문화대혁명. 中国的文化大革命
59	001187/13	2월 6일의 공항 사고에 관한 홍위병 출판물의 기사. 有关2月6日飞机场事故的红卫兵的舆论报道
59	001187/66	하얼빈에서의 무장 충돌. 哈尔滨的武斗
59	001178/I-ig	헝가리사회주의노동자당 제9차 당 대회에 대한 중국의 반응 평가. 中国对匈牙利社会主义劳动党第9次党代表大会的反应及评论
59	001187/44	중국 공산당이 선출한 기관. 中国共产党选出的机关
59	001187/72	중국 공산당 재편. 中国共产党改组
59	001187/74	비판대상 지도자들(성명 순)에 대한 중국 공산당의 명령. 中国共产党对成为批判对象的领导人的(按姓名顺序)命令
59	002847	취치우바이의 업적 비판. 对瞿秋白功绩的批判

59	003171	중국 공산당이 선출한 기관. 中国共产党选出的机关
59	001187/18	당(黨)위원회에 반대하는 중국 총노동조합의 선전물. 反对党委员会的中华全国总工会的宣传物
59	001187/31	교육과 학생 신분. 教育和学生身份
59	00570/7,10,11	출입국하는 중국 국적인에 대한 소개 요청. 对出入境的中国国籍持有者的介绍的要求
59	01305	티에레이(Tie lej) 중국 무관(武官)의 헝가리 국방성 외무과 방문. 中国武馆 TIAN LEI(音译)访问匈牙利国防部外事科
59	001525/4	부처간 회의 자료 보고. 部门间的会议资料报告
59	00647	중국의 핵개발. 中国的核开发
59	003258,1,2,3	신임 중국 무관(武官). 新任中国武官
59	001187/28,48	중국 경제 정책의 몇 가지 문제점. 문화대혁명의 경제적 결과. 中国经济政策的几个问题, 文化大革命对经济造成后果
59	002712/1-ig,4	중국 상황과 관련해 1967년 6월 2일로 예정된 논의에 대한 초청. 预计于1967年6月2日进行的与中国情况有关的议论的邀请
59	002377/2-ig	중국과 경제상호원조회의(KGST) 조약국들의 1976년의 대외 무역. 中国和经济互助援助会议(KGST)缔约国1976年的对外贸易
59	003169	기중기 건설 헝가리 노동자들이 상하이에서 경험한 것들. 匈牙利起重机建设工人在上海的经历
59	001826/2-ig	기술-학술 협력 제11차 회의 준비. 技术-学术协作第11次会议准备

59	002110	1966년 중국의 농업. 1966年中国的农业
59	001187/47	류사오치가 무역 분야에서 범한 범죄들. 刘少奇在贸易方面犯的错误
59	002109	1966년 주요 자본주의 국가들과 중국의 무역. 1966年主要资本主义国家与中国的贸易
59	001181/1,2,3,4	1967년 헝가리-중국 상품교환 회의의 현상황에 대한 소개. 1967年匈牙利-中国商品互换会议现状的介绍
59	001181	헝가리-중국의 무역. 匈牙利-中国的贸易
59	001346/6-ig	헝가리 의사들의 중국 방문. 匈牙利医生访问中国
59	002113	당해 문화 관련 요약. /1966년/ 当年文化领域要点 /1966年/
59	003167	사회주의 국가들과 중국의 문화 관계. 社会主义国家与中国的文化关系
59	00488/3-ig	문화 사업 계획에 대한 불가리아, 체코슬라바키아 담당자와 나눈 대화. 保加利亚和捷克斯洛伐克负责人有关文化工作计划的谈话
59	00488/4,5	문화사업 계획에 대한 소련 대사와 나눈 대화. 与苏联就文化项目计划的对话
59	00488/7	중국-동독의 문화 관계. 中国-东德的文化关系
59	00488/8,10,11,12,13,14	헝가리-중국의 문화 협력에 대한 제안. 匈牙利-中国文化合作提案
59	001185/1-ig	헝가리어 강의자 유하쓰 페렌쯔(Juhász Ferenc)의 귀국 명령. 匈牙利语讲师Juhász Ferenc的回国命令

59	00335	학업을 마친 3인의 연구자를 축하하는 중국 대사관의 환송 파티. 中国大使馆为完成学业的3位研究人员举办的欢送宴会
59	00532	헝가리에서 유학 중인 외국 학생들을 대상으로 한 중국 대사관의 활동. 以在匈牙利留学的外国学生对象的中国大使馆的相关活动
59	001525/5	헝가리-중국의 기술 학술 협력 추이. 匈牙利-中国技术学术合作趋势
59	004602	천문학자 쎄이들 빌러(Seidl Béla)의 중국 여행. 天文学家Seidl Béla的中国之行
59	003530	중국인민해방군 창군 40주년 기념. 中国人民解放军建军40周年纪念
59	00570/6	엘떼(ELTE, 헝가리 대학) 중국학과 학생들을 위한 중국 대사관의 영화 상영회. 中国大使馆为ELTE(匈牙利大学)大学汉语专业学生举行电影放映会
59	00570/2	중국 대사관 문화부의 3월 16일 영화 상영 다과회. 中国大使馆文化处有关3月16日上映电影茶话会
59	00570/3,4	부다페스트 중국 대사관의 5월 4일 영화 상영 다과회. 布达佩斯的中国大使馆有关5月4日上映的电影茶话会
59	0044212-ig,3,4	미술 전시회 건으로 중국 외교관 방문. 中国外交官因美术展示会进行访问
59	001184/2-ig	분기 언론 (동향) 보고. 舆论(动向)季度报告
59	002848	헝가리 잡지 몰수. 没收匈牙利杂志
59	001222/3	평양에서 승인된 외교 단체와 다른 해외 기관의 사진 전시판 (사용) 금지에 대하여. 平壤承认的外交团体和禁用其它海外机关照片展板
59	001525/3	라디오와 텔레비전. 收音机和电视

59	001182	대사관의 1966년 과업 평가와 1967년 과업 계획. 大使馆的1966年业务评价和1967年业务计划
59		제3세계 국가, 국제단체들과 중국의 관계. 第三世界国家、国际团体与中国的关系
59	00570/5	중국의 알바니아 대사관의 선전 활동. 驻阿尔巴尼亚驻中国大使馆宣传活动
59	001136/4	중국의 상황과 관련한 미국 정부의 입장. 美国政府对中国相关情况的立场
59	003181	영국과 중국의 관계 추이. 英国与中国关系发展变化
59	001187/25	불가리아의 기술 및 학술 협력 위원회 공장 방문 시 경험한 것들. 保加利亚技术、学术合作委员会访问工厂见闻
59	001136/5	중국 사건들에 대한 버마의 반응. 缅甸对中国事件的反应
59	001488	불가리아 전(前) 울란바토르 대사, 카네프(Canev)의 소개. 保加利亚前驻乌兰巴托大使Canev处得到的信息
59	00962/2-ig	체코슬로바키아와의 관계에 대한 몇 가지 정보. 几条有关与捷克斯洛伐克关系的情报
59	001175/1-ig,2	인도네시아에서 중국 문제. 印度尼西亚的中国问题
59	001136/2-ig,3	중국과의 관계에 대한 조선 대사의 의견. 朝鲜大使对与中国关系的意见
59	001719/1-ig,	중국-독일 관계. /동독/ 中国-德国的关系 /东德/
59	001719/2	중국-독일 관계. /서독/ 中国-德国的关系 /西德/
59	001136/3	스웨덴에서의 중국의 활발한 선전 활동. 中国在瑞典活跃的宣传活动

59	001136/7,8	중국 상황에 대한 소련 공산당 중앙위원회 위원의 평가. /소련/ 苏联共产党中央委员会委员对中国情况的评价 /苏联/
59	001187/65	혁명 소비에트 공산주의자들/볼셰비키/ 프로그램. 革命苏维埃共产主义者的/布尔什维克/项目
59	004266/2	중국의 홍위병 출판물에서 반(反)소련 기사들. 中国红卫兵报纸中反苏联报道
59	001187/62	중국의 홍위병 출판물에서 반(反) 조선 기사들. 中国红卫兵报纸中反朝鲜报道
59	002111	불가리아-중국의 학술 및 기술 협력 위원회 제10차 회의. 保加利亚-中国学术、技术合作委员会第10次会议
59	4001864	중국 국적인들의 입국과 통과방문(트랜짓)에 대한 폴란드의 경험. 持有中国国籍者入关、经由访问的波兰相关信息

Box 번호	문서번호	제목
55	001250/1-ig	중국-미국 관계의 새로운 발전. 中美关系的新发展
55	001289J3-ig	네레레(Nyerere) 의장의 중국과 조선 방문. Nyerere议长访问中国和朝鲜
55	0015*00/4-ig	헝가리-중국 관계. 匈牙利-中国关系
55	001525/1-ig	1967년과 1968년 상반기 대사(大使) 보고. 1967年和1968年上半年大使报告
55	001991/15-ig	중국의 외교 정책 조사. 中国的外交政策调查
56	002371/1-ig	기니아와 말리 사절단의 베이징 회담. 几内亚和马里使节团北京会谈
56	002698	네팔 대사와 나눈 대화. 与尼泊尔大使的对话
56	002878	중국 지도자들에 대한 체코슬로바키아 대사의 이임 방문. 捷克斯洛伐克大使离任之前对中国领导人的访问
56	003238/2-ig	중화인민공화국 창건 제19 주년 기념. 中华人民共和国建国19周年纪念
56	003509	비르바흐(Bierbach) 동독 대사의 루오쿠이보(Luo Kui-po) 외교부 부부장에 대한 이임 방문. 东德大使Bierbach离任访问外交部副部长罗贵波
56	003631	중국 대사관의 자극적 반소(反蘇) 도발. 中国大使馆积极的反苏挑衅

56	003632/1-ig	중국 국내 경축일과 관련된 일들. 与中国国内节日相关的事宜
56	003825	아랍 및 사하라 이남 아프리카 국가들과 중국의 관계. 阿拉伯及撒哈拉以南的非洲国家与中国的关系
56	003843	중국 대사관의 행사들. 中国大使馆的活动
56	003863	서유럽 국가들과 중국의 관계. 西欧国家与中国的关系
56	001291/11-ig	중국 공산당. 中国共产党
56	001292/35-ig	중국에서 문화대혁명. 中国的文化大革命
56	001293/1-ig	중국 공산당의 마오주의자(Maoist) 지도부와 국제 공산주의 운동 사이의 대척점. 中国共产党毛主义领导班子与国际共产主义运动间的对立面
56	001294/1-ig	군 상황에 대한 새로운 자료들. 军队情况的新资料
56	001295/9-ig	상황 보고. 情况报告
56	001297	정치국 와해에 대한 대응 조치. 政治局瓦解的应对措施
56	001539/2-ig	중국 관련정보들. 有关中国的情报
56	002200	4월 4일(헝가리 해방절) 리셉션에서 루오쿠이보(Luo Kui-po) 중국 외교부 부부장과 나눈 헐라쓰(Halász) 동지의 대화. 中国外交部副部长罗贵波与Halász同志在4月4日(匈牙利国庆日)招待会上的对话
56	0026*00	광둥 여행. 广东旅行

56	002695/3-ig	반(反)나오린(Náo-Lin) 캠페인, 불법적 무선 수신기들. 反Náo-Lin(?)阵营, 非法无线接收器
56	002696	펑더화이의 1959년 7월 14일 의견서신과 1966년 1월 28일의 성명. 彭德怀1959年7月14日意见书及1966年1月28日的声明
56	001995	공군 및 군사 무관임명. 任命空军及军事武馆
56	00305	베이징 상무관의 1967년 보고. 北京商务官员1967年的报告
56	001321/3-ig	헝가리-중국의 기술·학술 협력 위원회 제11차 회의 준비. 匈牙利-中国技术、学术合作委员会第11次会议准备
56	001883	중국의 경제상황에 대한 자료. 有关中国经济情况的资料
56	002346/1-ig	1968년 헝가리-중국의 물품교환 규모와 지불 합의. 1968年匈牙利-中国的货物交换规模与支付协议
56	002600/1.	문화대혁명 시기 중국의 경제상호원조회의(루마니아 대사의) 국가들과 대외교역 규모 추이. 文化大革命时期, 中国与经济互援会议(罗马尼亚大使)国家间的对外贸易规模趋势
56	00344	중국 대사관에서 연구 수행을 종료한 중국 연구자에 대한 행사. 中国大使馆为完成研修的中国研究员举行活动
56	00533/6-ig	중국-헝가리의 문화 관계, 협력에 대한 사업 계획. 中国-匈牙利的文化关系、有关合作的业务计划
56	001136/3-ig	헝가리와 중국의 (국영)라디오와 텔레비전 간 협정갱신을 제안하는 서신 전달. 有关匈牙利与中国的(国营)收音机、电视等媒体的协议更新提案的书信往来
56	001280/2-ig	중국과 사회주의 국가들의 문화와 학술 관계. 中国与社会主义国家间的文化及学术关系

56	002946/3-ig	언론보고. 중국의 지방 언론. 언론 자료 배달. 輿论报道、中国地方舆论、舆论资料快递
56	003638	중국의 목록에 있는 영화들. 在中国目录中的电影
56	001290	대사관의 사업 계획. 大使馆的业务计划
56	00721/7-ig	특송 우편 평가. 特快专递评价
56	002709/3-ig	정치 관련 담당관의 보고. 政治相关负责人的报告
56	00327/1-ig	베이징 주재 헝가리 대사관 건물. 匈牙利驻北京大使馆建筑
56	78-V (파일번호, 文件夾編號)	유엔(UN). 联合国(UN)
56	002926	유엔(UN)관련 중국의 입장. 中国对于联合国(UN)所持的立场

1969년(年)

Box 번호	문서번호	제목
57	00344	무관(武官)에 대한 중국 대리공사의 환영 리셉션. 中国代理公事举办的武官欢迎宴会
57	00754	중국과 관련된 정보. 有关中国的情报
57	001298/13-ig	사회주의 및 비(非) 사회주의 국가들과의 중국의 외교 정책. 社会主义及非社会主义国家对中国的外交政策
57	001299/1-ig	중국-서독 관계. 中国-西德关系
57	001300/1-ig	대사(大使) 보고. 大使报告
57	001301/5	서독 문제에 관한 동독-중국의 대화. 东德与中国有关西德问题的对话
57	001304/19	루마니아 대사의 신임 중국 대사 환영 만찬. 罗马尼亚大使为新任中国大使举行欢迎晚宴
57	001539	중국에서 반소(反蘇) 캠페인. 中国的反苏联阵营
57	001539/1-25-ig	소련-중국 국경 사건, 소련 정부의 성명. 苏联-中国国境事件、苏联政府的声明
58	001586	중국 헤이그 대리공사의 망명. 中国海牙代理公使的流亡
58	001767/5-ig	중국-미국 회담의 연기문제. 中美会谈延期问题
58	002097	헝가리-중국 관계의 현재 상황과 향후 전망. 匈牙利-中国两国关系现状及今后展望

58	002117	연대(連帶) 조직에서 예상되는 중국의 행동. 预计中国对相关中国与匈牙利合作的组织采取的行动
58	002228	4월 4일(헝가리의 해방절) 리셉션. 4月4日(匈牙利解放日)酒会
58	002450	중국 외교부 부부장과 슬로바키아 대사의 대화. 中国外交部副部长与斯洛伐克大使的对话
58	002657	유스프 차크라(Juszuf Chakra) 시리아 신임 베이징 대사. Juszuf Chakra叙利亚新任驻华大使
58	002953	헝가리에서 중화인민공화국 창건 20주년 기념행사 제안. 匈牙利举办的中国人民共和国建国20周年纪念活动提案
58	003023/1-ig	중국 부다페스트 대사의 소개 인사 차 방문. 访驻布达佩斯中国公使介绍访问
58	003046/4-ig	중화인민공화국 창건 20주년. 中华人民共和国建国20周年
58	003351/1-ig	소개 인사 차 중국 임시대리공사 방문. 拜访中国临时代理公使
58	003404	황젠(Huan-Cen) 중국 대사와의 회동. 会晤中国大使黄镇
58	003405/2-ig	부다페스트이 중국과 알바니아 대사관 활동. 驻布达佩斯的中国与阿尔巴尼亚大使馆活动
58	003500/1-ig	유엔(UN)에서 권리에 대한 중국의 복권. 中国恢复联合国合(UN)法席位
58	003556	중국의 아프리카 정책에 관하여. 关于中国的非洲政策
58	sz.n.	중국상황과 현재 마오쩌둥그룹의 정책. 中国的情况及现在毛泽东领导集体的政策
58	001301/4-ig	중국내정. 中国的内政
58	001302/8-ig	중국 문화대혁명. 中国文化大革命

58	001303/9-ig	상황보고. 情况报告
58	001304/2-ig	중국 공산당 중앙위원회 내부 인물변화, 중국 공산당의 조직 규정. 中国共产党中央委员会内部人物变化、中国共产党组织规定
58	001304/3-18-ig	제9차 중국 공산당 대회. 中国共产党第九次全国代表大会
58	001304/20	제9차 중국공산당 대회의 린뱌오연설 미발표 부분. 第9次中国共产党代表大会中林彪演讲未公布的部分
58	001304/21	중국 공산당 중앙위원회의 55번 훈령. 中国共产党中央委员会55次训令
58	001305	지방의 라디오 방송. 地方广播
58	001306	루마니아 대사의 베이징 공장 견학의 경험. 罗马尼亚大使参观北京工厂
58	001689	중국의 춘절 축하행사. 中国春节庆贺活动
58	001927/1-ig	헝가리-중국 친선과 협력 합의서 서명 제10주년 기념. 匈牙利-中国亲善合作协议书签名10周年纪念
58	003354/4-ig	아프리카내 중국의 영향 속에 있는 단체. 非洲受中国影响的团体
58	003354/5-7-ig	전국노동운동에 대한 중국의 영향. 中国对全国劳动运动的影响
59	003561/6-ig	또뜨 페렌쯔(Tóth Ferenc)동지의 교통사고. Tóth Ferenc同志的交通事故
59	002015	중국 군사력 상황에 대한 서구 전문가들의 평가. 西方专家对中国军事力量的评价
59	003174/2-ig	마오시엔치(Mao Sien-csi) 중국공군과 무관에 대한 아그레망. Mao Sien-csi对中国空军及武官的认可

59	001539/1	모스크바-하노이 새로운 항공노선. 莫斯科-河内路线的新航线
59	002467/4-ig	헝가리-중국의 무역 관계. 匈牙利-中国的贸易关系
59	003555	1969년 중국의 식량생산. 1969年中国的粮食生产
59	003039	1968-1969년 중국의 무역. 1968-1969年 中国的贸易
59	003594	꼰더 미하이(Konda Mihály)의 자동차 사고. Konda Mihály的汽车事故
59	003625	중국의 교육혁명. 中国的教育革命
59	001305/1	1968년 하반기 여론동향. 1968年下半年舆论动向
59	003329/2-ig	버러치 디네쉬(Baracs Dénes)헝가리 통신사(MTI)특파 원에 대한 베이징의 인증(認證). 北京对匈牙利通讯公司(MTI)特派员Baracs Dénes认证
59	003435/1-ig	헝가리 출판물에서 홍콩과 마카오의 위치 표시. 匈牙利出版物中标注的香港和澳门的位置
59	003476/3-ig	(헝가리의 당 중앙지) 인민해방일보(Népszabadság)의 바르너이 페렌쯔(Várnai Ferenc)가 요청한 내용, 중국과 베트남 출장보고. (匈牙利)人民解放日报的Várnai Ferenc的邀请，中国和越 南出差报告
59	001072	베이징 특송우편 평가. 北京特快专递的评价
59	001072/1	1968년의 대사관 사업 계획. 1968年大使馆工作计划
59	001072/2-5-ig	베이징 특송 우편 평가. 北京特快专递的评价

59	002227	리띠 죄르지(Réti György) 3등 서기관의 당해연도 보고 요약. 三等书记官Réti György当年报告概要
59	002227/1	후싸르 플로리안(Huszár Flórián)의 당해연도 보고 요약. Huszár Flórián当年报告概要
59	00253/2-ig	자료보관 관련 업무들; 파기, 수령-발송. 与保管资料相关的业务, 销毁、收取-发送

Box 번호	문서번호	제목
52	00427/1	중국-벨기에 관계에 대한 소개. 中国-比利时关系介绍
52	00427/2	중국-서독 관계. 中国-西德关系
52	00427/11	몽골-중국 관계. 蒙古-中国关系
52	00427/12	체코슬로바키아-중국 관계. 捷克斯洛伐克-中国的关系
52	00427/14	폴란드-중국 관계 추이. 波兰-中国关系发展变化
52	00995/7-ig	중국-소련 관계. 中国-苏联关系
52	004-ig	아프리카에서 중국의 영향. 中国在非洲的影响
52	003-ig	중국-캐나다 외교관계. 中国-加拿大的外交关系
52	001338/2-ig	중국과 독일 문제. 中国和德国问题
52	001415	중국의 대만 정책에서의 새로운 특징. 中国对台湾政策的新特点
52	001727/23-ig	중국 외교의 활성화, 사상경향의 영향과 각 국가별 반응. 中国外交的活跃度、思想倾向的影响及各国的反应

52	001972	중국 외교 정책의 몇 가지 문제에 관한 소련 외교관 (의 의견). 苏联外交官对中国外交政策中几个问题的意见
52	002139/1-ig	신임 베오그라드 중국 대사와의 관계에 대해 경험. 与新任驻贝尔格莱德中国大使关系的经历
52	002190	몽골-중국 관계. 蒙古-中国关系
52	003173	이탈리아에 대한 중국의 외교적 인정. 中国外交上承认意大利
52	003266	중국과 서유럽 관계. 中国和西方的关系
52	003270	중국-인도, 중국-파키스탄 관계. 中国-印度、中国-巴基斯坦的关系
52	003270	중국 자료들-제안. 有关中国的资料-提案
53	003270	제9차 중국공산당 제9차 대회에서의 중국문제. 中国共产党第9次全国代表大会上的中国问题
53	001972/1	중화인민공화국 대사 임명. 中华人民共和国大使任命
53	002196/4-ig	베이징 대사예정자에 대한 아그레망 수여에 관한 중국 임시대리공사의 통지. 中国临时代理大使有关授予驻华大使候选人许可的通知
53	002284/3-ig	베이징 헝가리 대사의 이임 방문. 驻北京匈牙利大使离任访问
53	002356/3-ig	뤼치시엔 중국 대사의 아그레망 요청. 中国大使刘启贤(任命大使)征求对象国意见的要求
53	002642/16-ig	뤼치시엔 신임 중국 대사의 인사차 방문. 新任中国大使刘启贤介绍及访问
53	00427/18,19	제네쉬(Gyenes) 동지를 단장으로 한 외무성 사절단의 베이징 경유 방문. 以Gyenes同志为团长的外交部使团北京经由访问

53	00427/3-16-ig	헝가리-중국 관계의 준비, (헝가리와 중국)관계의 새로운 특징. 匈牙利-中国关系的准备,(匈牙利和中国)关系的新特点
53	00427/20-23-ig	헝가리-중국 관계의 준비, (헝가리와 중국)국가 새로운 특징. 匈牙利-中国关系的准备,(匈牙利和中国)国家间关系的新特点
53	00344/5-ig	까더쉬(Kádas) 동지의 중국 외교관들과의 대화. Kádas同志与中国外交官的对话
53	001416/1-ig	중국 외교부 직원과의 대화. 与中国外交部人员的对话
53	002051/2-ig	띄께이 페렌쯔(Tőkei Ferenc)와 부다페스트 중국 대사관 직원과의 대화. Tőkei Ferenc和驻布达佩斯中国大使馆人员的对话
53	00445/1-ig	베이징 헝가리 대사관을 자극(하는 도발). 对驻北京匈牙利大使馆的挑衅
53	001803	4월 4일(헝가리 해방절)축하리셉션. 4月4日(匈牙利解放日)庆祝酒会
53	002656/3-ig	중국의 민족 경축일. 中国的民族节日
53	00983	또뜨 페렌쯔(Tóth Ferenc)의 교통사고. Tóth Ferenc的交通事故
53	001130/18-ig	내정상황. 불법적 라디오 방송들. 마오쩌둥의 연설. 신헌법 초안. 内政情况、非法的交通广播、毛泽东的讲话、新宪法初稿
53	002180	광둥 여행의 경험. 广东旅行见闻
53	001801	중국 공산당의 새로운 조직 개편. 中国共产党新组织改建
53	001801/1	제9차 중국공산당 대회, 제2차 중앙위원회 전체회의. 通过中国共产党第九届代表大会，第二次中央委员会全体会议

53	00427	(헝가리) 사회주의 청년동맹과 중국 공산주의청년단의 관계.
		(匈牙利)共产主义青年同盟和中国共产主义青年团的关系
53	003100	중국의 평화 제시에 대한 지지(支持) 제안.
		对中国和平提议支持的提案
53	00427/7	헝가리-중국의 군사관계.
		匈牙利-中国的军事关系
53	002425/1-ig	중국 인민해방군의 기념일 전송 예정의 축전.
		中国人民海军建军日预发送贺电
53	001802	중화인민공화국 1969년 생산에 대한 일반평가.
		对中华人民共和国1969年生产的一般评价
53	001802/1	중국 인민 생활수준의 상황.
		中国民众生活水平
53	001802/2	중국 경제생활의 군사화.
		中国经济生活的军事化
53	001568	헝가리-중국 기술-학술 협력위원회의 활동.
		匈牙利-中国间的技术-学术合作委员会的活动
53	002699/1-ig	헝가리 방문 중국 농업 파견단.
		中国农业特派团访问匈牙利
53	001132/2-ig	새로운 중국 무역 계약서 초안.
		中国贸易新合同草案
54	001334/9-ig	헝가리-중국의 무역 관계.
		匈牙利-中国的贸易关系
54	001335	리치엔 중국 대외무역부 부부장을 저녁 만찬에 초청.
		中国贸易部副部长李强招待晚餐
54	00427/6	헝가리-중국의 교육부 관계.
		匈牙利-中国教育部的关系
54	001947/2-ig	헝가리-중국 문화 관계.
		匈牙利-中国的文化关系
54	00427/5	헝가리 학술원-중국 학술원 관계.
		匈牙利学术院和中国学术院的关系

54	001903/1-ig	중국판 스푸트니크 준비. 中国版斯普特尼克准备
54	001336	"중국을 재건하는 마르크스-레닌주의 국제 동지 연합" 의 전단. "重建中国的马克思-列宁主义国际同志联盟"传单
54	00924/7-ig	헝가리 통신사(MTI)특파원의 베이징 활동,언론보도. 匈牙利通讯公司(MTI)特派员在北京的活动、舆论报道
54	00427/17	중국 대사관의 영화 상영 다과회. 中国大使馆电影上映茶话会
54	002404	중국에서 외교부 활동의 상대적 위상. 外交部活动在中国的相对地位
54	001131	1969, 1970년의 대사관 사업계획과 대사관 보고의 활용. 1969、1970年大使馆工作计划和大使馆报告的灵活应用
54	002179	비허리 라쓸로(Bihari László) 동지의 당해 보고 요약. Bihari László同志当年报告的概要
54	003303	고도르(Gódor)와 제네쉬(Gyenes)동지의 대화. Gódor同志和Gyenes同志的对话
54	00253/2-ig	기밀문서 관련 업무; 자료 처리, 파기. 机密文件相关业务: 资料处理、销毁
54	00113/12-ig	베이징발 기밀문서 특송 우편 자료에 관한 요약. 北京发出的机密文件特快专递资料概要
54	00183/17-ig	베이징도착 기밀문서 특송 우편 자료에 관한 요약. 发往北京的机密文件特快专递资料概要

Box 번호	문서번호	제목
64	00558/10-ig	소련-중국 관계의 몇 가지 현안 문제, 1971-72년의 소련-중국 무역 협정. 有关苏联-中国关系的几个悬而未决的问题, 1971-72年的苏联-中国贸易协议
64	00569/7-ig	일부 국가에 중국의 대사 파견 계획: 터키-중국의 관계 발전, 가나와 기타 주변 국가들에서 중국의 실재(實在), 중국의 새로운 외교 관계, 활발한 중국의 외교 관계. 中国向部分国家派遣大使的计划:土耳其-中国的关系发展、中国在加纳及其它周边国家的存在、中国新的外交关系、活跃的中国外交关系
64	00569/8-20-ig	로마에서의 중국 대사관 설치: 중국-쿠바 관계, 중국-스위스 관계, 중국-이탈리아 관계, 중국-나이지리아 관계. 在罗马建立中国大使馆:中国-古巴的关系、中国-瑞士的关系、中国-意大利的关系、中国-尼日利亚的关系
64	00569/21-38	중국 외교 정책 추이: 핑퐁 외교. 中国外交政策发展变化:乒乓外交
64	00569/39	캐나다 무역 사절단의 중국 방문. 加拿大贸易使团访问中国
64	00569/40	중국의 베니스 영화제 참여. 中国参加威尼斯电影节
64	00569/41	중국 군사사절단의 알바니아 방문. 中国军事代表团访问阿尔巴尼亚

64	00569/42-58-ig	중국과 기타 국가들과의 일반관계. 中国和其他国家的普通关系
64	001175/9-ig	중국 외교 정책의 주요 경향: 사회주의 국가관계에 있어서 중국의 외교 정책, 발칸에서 중국의 정책, 중국의 아시아 정책, 아랍 국가에 대한 중국 정책의 새로운 특징. 中国外交政策的主要倾向:中国就社会主义国家关系的外交政策、中国在巴尔干的政策、中国的亚洲政策、中国在与阿拉伯国家关系政策的新特征
64	002323/1-ig	중국-서독의 관계. 中国-西德的关系
64	002414/3-ig	불가리아-중국의 관계. 保加利亚-中国的关系
64	002523/2-ig	중국상황에 관한 자문. 咨询中国相关情况
64	003151	오스트리아-중국의 관계. 奥地利-中国的关系
64	001806/7-ig	베트남의 중국 평가 변화: 중국의 (베트남) 사절단. 越南对中国评价的变化:中国的(越南)使团
64	00556/17-ig	1970년의 헝가리-중국 관계, 1971년의 (헝가리-중국) 관계에 대한 제안. 헝가리-중국 관계에 관한 중국 외교관의 의견, 중국의 대내외 정책 상황, 헝가리-중국의 관계, 가능성 있는 저우언라이의 헝가리 방문에 대한 중국 계획, 헝가리-중국의 관계에 대한 정치위원회의 보고. 1970年匈牙利-中国关系、 1971年有关(匈牙利-中国)关系的提案、中国外交官就匈牙利-中国关系(的意见)、中国内政外交政策的情况、匈牙利-中国的关系、中国就周恩来访问匈牙利可行性的计划、 政治委员会有关匈牙利-中国关系的报告

65	001796	제네쉬(Gyenes) 동지에게 가도르(Gádor) 동지의 구술 (口述)소개. 向Gyenes同志介绍Gádor同志的口述内容
65	002677	1971년의 대사 당해 보고. 1971年大使当年报告
65	002677/1	가도르(Gádor) 동지가 베이징 대사와 나눈 대화. Gádor同志与北京大使的对话
65	002677/2	대사 보고 요청. 大使报告的要求
65	002677/3	삐떼르(Péter) 동지에게 보내는 가도르(Gádor) 동지의 서신. Gádor同志寄给Péter同志的书信
65	002812	중국 국가 경축일에 대해 헝가리에서의 행사. 匈牙利在中国国家庆祝日举行的活动
65	00381/7-ig	중국 대사관 직원의 (헝가리) 외무성 방문, 다른 회동에서 얻은 정보. 中国大使馆官员访问(匈牙利)外交部、在其它会晤中获得的情报
65	003084	느구옌 테 하우(Nguyen The Hau) 베트남 대사관 직원과 대화. 与越南大使馆官员Nguyen The Hau的对话
65	002324/1-ig	베이징 헝가리 대사관 강화에 대한 요청. 要求强化驻北京匈牙利大使馆
65	001177/3-ig	차우세스쿠(Ceausescu)와 테파바츠(Tepavac)의 중국 방문에 관한 친선 국가 대사들 의견. 亲善国家有关Ceausescu和Tepavac访问中国事宜的意见
65	001178	까더쉬(Kádas) 동지에게 보내는 가도르(Gádor) 동지의 서신. Gádor同志寄给Kádas同志的书信

65	001179	까더쉬(Kádas) 동지에게 보내는 가도르(Gádor) 동지의 서신. Gádor同志寄给Kádas同志的书信
65	00736	중국 중앙 언론의 1971년 신년 공동 사설. 中国中央媒体于1971年新年共同发布的社论
65	002812/1-4-ig	중국 대사관의 축하 리셉션에서 정부 대표. 参加中国大使馆庆祝酒会的政府代表
65	001180/9-ig	중국 언론을 통해 본 중국내정. 通过中国媒体看到的中国内政
65	001180/10-23-ig	중국의 내정상황: 중국 지도자 변화. 现今中国内政状况:中国领导人的变化
65	002511	중국 외교부가 주관한 지방 여행. 中国外交部主管的地方旅游
65	00129/10-ig	베이징 도착 기밀문서 특송 우편 자료들에 관한 요약. 发往北京的机密文件特快专递资料概要
65	00209/10	베이징 발 기밀문서 특송 우편 자료들에 관한 요약. 北京发出的机密文件特快专递资料概要
65	002011	당과 국가 조직의 몇 가지 문제들. 党和国家组织的几个问题
65	002011/1,2	중국 공산당 지방 당위원회와 그 상황. 中国共产党地方党委会及其情况
65	003289	중국-스페인의 당관계 재개. 中国-西班牙政党关系的重启
65	001177/4	중국의 민족정책. 中国的民族政策
65	001217/1-ig	베트남 거주 화교의 제3차 대회. 定居越南的中国华侨第3届总会
65	sz.n.	소피아에서 당회의. /중국 문제/ 索菲亚党会议 /中国问题/
65	002145/1-ig	핵전쟁에 관한 마오쩌둥의 성명. 毛泽东有关核战争的声明

65	001176/2-ig	1970년 중국의 경제발전. 1970年中国的经济发展
65	003083	개발도상국과 라틴 아메리카 국가에서의 중국의 경제활동. 中国在发展中国家和拉丁美洲国家的经济活动
65	002322	중국의 전기 연구를 수행하는 교육 기관 리스트. 中国进行电子研究的教育机构名单
66	002322/1	중국 전자 설비 생산 시설물들의 리스트. 中国电子设备生产设施名单
66	002646/13-ig	헝가리-중국의 기술-학술 협력; 전문가들의 헝가리 견학. 匈牙利-中国技术、学术合作、专家去匈牙利参观学习
66	002964	몽골 공화국에서 중국 항공기의 추락. 中国飞机在蒙古共和国坠机
66	00431/5,8,9,10	초우화민(Csou Hua-min) 중국 대외무역부 부부장의 부다페스트 국제 박람회 참가. 中国贸易部副部长周化民参加布达佩斯国际博览会
66	00718/22-ig	헝가리-중국의 무역관계, 상품교환, 상품교역 합의. 匈牙利-中国的贸易关系、商品交换、商品交易协议
66	003331/2-ig	써보 졸딴(Szabó Zoltán) 보건상(相) 박사의 베이징 방문. 卫生部部长Szabó Zoltán博士访问北京
66	001608/1-ig	헝가리-중국의 문화 관계. 匈牙利-中国的文化关系
66	002256/1-ig	헝가리 탁구단의 중국 초청. 中国邀请匈牙利乒乓球队
66	001803/4-ig	중국과 관련된 헝가리 언론 및 중국 관련 소련 언론에 대한 소련의 의견. 匈牙利有关中国的舆论及苏联与中国相关言论的的苏联意见
66	001179/1-3-ig	베이징 헝가리 대사관의 주요 사업 평가. 驻北京匈牙利大使馆主要工作评价

66	002347/3-ig	외교 관원들의 당해 보고 요약. 外交官员当年报告要点
66	00289/5-ig	기밀문서 관련 업무: 파기, 문서 발송, 수령. 机密文件相关业务：销毁、发送文件、收取

Box 번호	문서번호	제목
56	00582/1,+2-8-ig	중국-소련 관계. 中国-苏联关系
56	00695/6-ig	중국-베트남 관계. 中国-越南关系
56	00696/4-ig	중국-조선 관계. /조선/ 김일성의 베이징 방문. 中国-朝鲜的关系 /朝鲜/金日成访问北京
56	00697/7-ig	중국-몽골 관계. 울란바토르 중국 대사관의 활동. 中国-蒙古的关系、驻乌兰巴托中国大使馆的活动
56	00698/7-ig	중국과 사하라 이남 아프리카 국가. 중국의 아프리카 활동-에티오피아. 中国和撒哈拉以南非洲国家、中国在非洲的活动-埃塞俄比亚
56	00699/4-ig	중국과 아랍 세계. 中国与阿拉伯世界
56	00700/9-ig	중국과 동남 아시아 /인도네시아, 말레이시아, 태국, 실론(스리랑카), 캄보디아, 버마(미얀마), 라오스, 필리핀/, 버마-중국 관계. 中国和东南亚/印度尼西亚、马米西亚、泰国、锡兰(斯里兰卡)、柬埔寨、缅甸、老挝、菲律宾/缅甸-中国的关系
56	00701/37-ig	중국-일본 관계. 中日关系
56	00702/2-ig	중국의 외교 정책과 사회주의 국가들에 대한 관계. / 사회주의 국가에서 활동하는 중국 대사에게 좋은 관계를 유지할 것에 대한 중국 외교부 훈령/

		中国的外交政策及与社会主义国家间的关系/中国外交部就与社会主义国家维持友好关系事宜对中国大使的训令
56	00708/6-ig	중국의 외교 정책. 소련의 의견. 소련-중국 관계와 군축 문제에 있어서 중국의 외교 정책. 사회주의권과 제국주의 국가들에 대한 중국의 외교 정책. 중국-미국의 관계. 중국과 제3세계. 中国的外交政策、苏联的意见、中国有关中苏关系和裁军问题的外交政策、中国有关社会主义阵营与帝国主义国家的外交政策、中美关系、中国和第三世界
56	001026/3-ig	중국-터키 관계. 중국의 공식 인정(認定). 中国-土耳其两国关系、中国公开承认
56	001043/1-ig	중국-스페인 관계. 中国-西班牙两国关系
56	001076/9-ig	중국과 "제3세계" 국가들의 관계. /베이징의 친선 국가 대사 회의 기초/ 中国与第三世界国家间的关系 /以北京的亲善国家大使会议为基础/
56	001484/10-ig	중국-서독 관계에 관한 동독 외무성의 평가. 东德外交部对中国-西德关系的评价
56	002216/1-ig	중국-노르웨이 관계. 노르웨이에서 중국 외교 정책 활성화의 징후. 中国-挪威两国关系, 中国外交政策在挪威的活跃迹象
56	002268/3-ig	중국-캐나다 관계의 추이. 中国-加拿大关系发展变化
56	002342/5-ig	시리아-중국 관계. 시리아 경제 파견단의 베이징 방문. /중국이 시리아에 3천만 파운드 제공/ 叙利亚-中国的关系、叙利亚经济使团访问北京、中国向叙利亚提供三千万英镑
56	002395/2-ig	중국과 네덜란드 외교 관계. 中国-荷兰的外交关系

56	002576	중국과 핀란드 관계. 핀란드에서 중국 정책의 영향. 中国-芬兰的关系、中国政策在芬兰的影响
56	002797/3-ig	이탈리아-중국 관계 추이. 意大利-中国关系变迁
56	003730/1-ig	중국-인도 관계에 대한 정보. 中印关系相关情况
56	003756	네팔-중국 관계. /네팔에 대형 프로젝트 건설에 대한 중국의 제안/ 尼泊尔-中国的关系 /有关尼泊尔大型建设项目的中方提案
56	003880/1	중국의 외교정책. 中国的外交政策
56	002492	중국 외교부의 상황./외교부의 신임 임명자들/ 中国外交部情况/外交部新任人员
56	003880/3	뤼치시엔(Lü Csi-hszien) 중국 대사에 관한 참조 사항. 有关中国大使吕志先的参考条目
57	003880/5	뤼치시엔 중국 대사의 포크(Fock) 동지 이임 방문. 中国大使吕志先对Fock同志的离任访问
57	00582	소련-중국 관계. 苏联-中国的关系
57	003753	포크(Fock) 동지의 베이징 초청. Fock同志受到北京邀请
57	00579/5-ig	헝가리-중국 /일반/ 관계. 중국의 내정(内政). 중국 외교부 국장 대리와 비허리(Bihari) 동지의 대화. 匈牙利-中国的一般关系、中国的内政、中国外交部代理司长与Bihari同志 的谈话
57	00691/1-ig	중국의 대내외 정책, 헝가리-중국 관계. /정치위원회 제출 자료/ 中国内政外交政策、匈牙利-中国的政策 /政治委员会提交的资料/
57	003880/2,+4	헝가리-중국 관계. 匈牙利-中国的关系

57	002863/2-ig	가도르 페렌쯔(Gádor Ferenc) 대사 동지의 보고 요약. Gádor Ferenc大使通知报告概要
57	00392/16-ig+18	중국의 기록. 써보(Szabó) 보건상(相) 박사를 단장으로 한 파견단을 위한 뤼치시엔, 부다페스트 중국 대사의 저녁 만찬. 中国的记录，中国驻布达佩斯大使吕志先晚餐招待以卫生部部长Szabó博士为团长的使团一行
57	001846/10-ig	외교방문들, 대화와 정보들. 外交访问以及谈话和其他情报
57	001894/1-ig	대사관 행사에 대한 선(先)보고에 관한 훈령. 大使馆活动需事先报告的训令
57	001910	중국 외교관과 나눈 대화에 관한 정보. 与中国外交官谈话的相关内容
57	003013	중국공산당 창당 제51주년과 중국 인민해방군 창설 제45주년 기념에 대하여. 中国共产党建党51周年、中国人民解放军建军45周年纪念
57	003084/1-ig	1972년 중국의 국경절(10월 1일)에 대해 헝가리에서 축하행사 제안. 1972年中国国庆节匈牙利庆祝活动方案
57	003880	뤼치시엔의 이임 방문. /중국 국가 개관/ 吕志先离任访问 /中国的国家概况/
57	00707/10-ig	중국의 내정. 中国的内政
57	002452	중국 외교부 초청으로 주(駐)베이징 외교공관장들의 지방 여행과 여행에서 겪은 것들. 受中国外交部邀请驻北京使馆负责人去各地旅行的经历
57	003467	중국-인도의 재산권회의. 中印财产权会议
57	00705/1-ig	중국공산당의 상황과 활동. 1970-71년에 형성된 당(黨)위원회 지도자들.

		中国共产党的情况和活动、1970-1971年间成立的党委员会领导人情况
57	003673	Kinai-szovjet határtárgyalások uj tendenciái. 중국-소련 국경회담의 새로운 경향들. 中国-苏联边境会谈新倾向
57	00704/3-ig	중국의 군사정책. 군대(정규군), 예비군. /린뱌오 종파 몰락 이후의 견해/ 中国的军事政策、军队(正规军)、预备军, 林彪一派失事时候的各方意见
57	001229/2-ig	소련에 화타(Huo-ta) 공군 및 군사 무관 예정자에 대한 아그레망 요청. 苏联对空军及军事武官候选人Huo-ta(？)的认证请求
57	00703/5-ig	중국 국민경제의 상황. (중국의 언론발). 中国国民经济状况(透过中国舆论)
57	003647/2-ig	첸사오쿤, 중국 철강산업부장의 (통과)방문 공식 통보. 中国冶金工业部部长陈绍坤正式访问通报
57	00692/9-ig	헝가리-중국 기술-학술 협력. 뤼치시엔 중국 대사가 씰리 기저(Szili Géza) 헝가리-중국 기술-학술 협력 위원회 의장인 차관 방문. 匈牙利-中国技术、学术合作, 中国大使吕志先拜访匈牙利-中国技术、学术合作委员会负责人Szili Géza长官
57	00842/3-ig	헝가리-중국의 농업관계. 중국 전문가 사절단의 헝가리 연구 방문. 匈牙利-中国的农业关系、中国专家使团到匈牙利访问研究
57	003726	부다페스트 지하철 건설을 연구하는 중국 파견단의 헝가리 방문. 研究布达佩斯地铁建设的中国使团访问匈牙利
57	00693/9-ig	헝가리-중국의 /대외/무역 관계. 또르더이(Tordai) 무역성(省) 차관을 단장으로 한 파견단의 중국 남부방문. 匈牙利-中国的/对外/贸易关系, 以外务省次长Tordai为团长的代表团一行访问中国南方

57	00694/10-ig	부다페스트 국제 박람회에 중국의 참여. 中国参与布达佩斯世界博览会
57	002861	모귀르트(MOGÜRT,헝가리의 기계 무역 회사),테크노임펙스(TECHNOIMPEX, 헝가리 기계 무역 회사)가 이끄는 톈진(tiencsin)/중국/의 "헝가리 차량 및 공작기계산업 전시회" 준비. MOGÜRT(匈牙利机械贸易公司), TECHNOIMPEX(匈牙利机械贸易公司)主导的在中国天津进行的"匈牙利汽车及机床产业展示会"准备活动
58	002985/3-ig	중국 위생부 부장의 헝가리 초청 계획. 匈牙利邀请中国卫生部部长的访问计划
58	001845/1-ig	중국의 문화상황과 문화 정책. 中国的文化状况及文化政策
58	001077	중국, 교육 관련 문제들. 中国, 教育相关问题
58	002718	마오쩌둥 옌안강화회의 30주년 기념 毛泽东在延安会议上的讲话30周年纪念
58	003762/2-ig	스포츠 사절단 파견과 관련한 뤼치시엔 중국 대사의 발언. 中国大使吕志先有关派遣体育使节团的发言
58	002840	중국 공산당 기관지 홍기(紅旗)에 실린 세계 역사에 관한 연재 기사. 中国共产党机关报《红旗》刊登的有关世界历史的连载报道
58	001078	중국의 언론 상황, 중국의 언론 정책. 中国舆论状况、中国的舆论政策
58	002176/1-ig	헝가리 통신사(MTI)베이징 특파원의 평양 방문/버러치 디네쉬(Baracs Dénes)/ 匈牙利通信公司(MTI)北京特派员访问平壤/Baracs Dénes
58	001610/1-ig	중국-스칸디나비아, 중국-스웨덴 관계. 중국 기자단의 스톡홀름 방문.

		中国-斯堪的纳维亚、中国-瑞典的关系, 中国记者使团访问斯德哥尔摩
58	00816/2-ig	헝가리 대사관의 주요 업무, 보고의 활용. 对匈牙利大使馆的主要业务、报告的综合利用
58	002471/1-ig	베이징으로 개인 초청들에 관한 보고. 受到个人邀请去北京的相关报告
58	00289/3-ig	기밀자료 관련 업무. 베이징. 발송 자료 목록 보고. 机密资料相关业务, 北京发送资料目录报告
58	00129/14-ig	베이징 봉인 특송우편. 北京封存的特快专递
58	00209/14-ig	베이징 도착 특송우편. 发往北京的特快专递
58	00209/14-ig	UN과 UN 분과 조직에서 회원국으로서 중국(헝가리의) UN자료 "00620/16-i ENSZ/V.37/" 참조. 作为联合国(UN)和联合国(UN)会员国的中国(匈牙利)的联合国(UN)资料 "00620/16-i ENSZ/V.37/"

Box 번호	문서번호	제목
65	00619/11-ig	브레즈네프 동지의 중국 관련 연설과 유럽의 안보 회의에 관한 위찬 중국 외교부 부부장의 발언. Brezsnyev同志有关中国的各类讲话、中国外交部副部长余湛有关欧洲安全会议的发言
65	00633/6-ig	조선-중국 관계 추이. /치펑페이 중국 외교부 부장의 평양 방문/ 朝鲜-中国关系发展变化 /中国外交部长姬鹏飞访问平壤/
65	00769	치아오콴화 중국 외교부 제1부부장의 런던 방문 평가. /중국의 시도/ 有关中国外交部第一副部长乔冠华访问伦敦的评价 /中国的尝试/
65	00899/1-ig	중국의 아프리카 정책 /일부 아프리카 국가들에 대한 적절한 원조/ 中国的非洲政策/对部分非洲国家的适当援助
65	001013	중국 외교부 부장의 아랍 연합공화국 방문. 中国外交部长访问阿拉伯联合共和国
65	001139/2-ig	소련-중국의 일반관계. 苏联-中国的一般关系
65	001277/5-ig	이란-몽골 관계. 伊朗-蒙古的关系
65	001485/3-ig	중국의 제3세계 국가 정책에 대한 쿠바의 평가. 古巴有关中国对第三世界国家采取政策的评价
65	001571/2-ig	칠레 및 기타 라틴 아메리카 국가와 중국의 관계. 智利及其它拉丁美洲国家与中国的关系

65	001918/4-ig	중국-인도 관계 개선 전망에 대한 징후. 中国-印度关系改善迹象
65	002069	중국의 외교 관계. 中国的外交关系
65	002299/2-ig	중국-멕시코 관계. 中国-墨西哥的关系
65	002374/1-ig	파리협약 서명 이후 중국-미국 관계의 진전. 巴黎协约签订之后中美关系的进展
65	002413	지방 여행 취소. 고도르(Godor) 대사. 取消地方旅行, Godor大使
65	002622	베를린의 중국 심포지움에 관한 보고. 柏林中国专题讨论会相关报告
65	002727/3-ig	아랍 국가와 중국 관계. 阿拉伯国家与中国的关系
65	002795/1-ig	중국-불가리아 관계. 中国-保加利亚的关系
66	003144/2-ig	캄보디아-중국 관계. /시아누크(Szihanuk)와 중국관계/ 柬埔寨-中国关系/西哈努克与中国的关系/
66	003185	중국과 남베트남 임시혁명정부(DIFK). 中国和越南临时革命政府(DIFK)
66	003371/1-ig	서구 자본주의 국가들과 중국의 관계. 西方资本主义国家与中国的关系
66	003419	중국 외교부 부장 치펑페이의 테헤란 방문. 中国外交部长姬鹏飞访问德黑兰
66	003459	중국-인도차이나. /알제리 대사로부터 획득한 정보들/ 中国-中南半岛/通过阿尔及利亚大使获取的情报/
66	003471	중국-폴란드 관계. 中国-波兰关系
66	003594	유럽과 핵 정책에 관한 중국의 의견. 中国对欧洲及核政策的意见

66	003823/1-ig	미국-중국 관계에 대한 인도 총영사(의 의견). 印度总领事有关美国-中国关系(的意见)
66	004270	하노이에서 중국 대사의 국가 경축일 리셉션. 中国大使在河内召开的国家庆祝日酒会
66	004905	중국과 제3세계. 中国与第三世界
66	004940	몽골-소련 관계에 있어서 중국의 반소(反蘇) 선전의 영향. 中国在蒙古-苏联关系问题上的反苏宣传影响
66	003023	외교부의 간부학교. 外交部干部学校
66	004378	중국의 신임 캐나다 대사. 中国新任加拿大大使
66	001641/1-ig	중국-미국의 외교 관계 수립 관련 정보. 中国-美国建交相关情报
66	002161	스페인-중국의 외교 관계 수립. 西班牙-中国建交
66	004908	말레이시아, 필리핀, 인도네시아와 중국의 외교 관계 에 있어 문제점. 马来西亚、菲律宾、印度尼西亚和中国外交关系的问题
66	00467/7-ig +9-13-ig	뤼치시엔 중국 대사의 써보 졸딴(dr.Szabó Zoltán) 박 사 동지 이임 방문. 中国大使吕志贤离任之际访问Szabó Zoltán博士同志
66	001483	요저 샨도르(Józsa Sándor)의 소개 인사차 방문에서 경험한 것들. Józsa Sándor的介绍访问经历
66	001496/18-ig, +20-34-ig	리체왕(Li Ce-vang)에 관한 정보들. 李则望相关资料
66	002481	이스탄불에서 중국 대사의 소개 인사 차 방문. 驻伊斯坦布尔中国大使的介绍及访问

66	003668	신임 중국 영사의 베를린 방문. 新任中国领事访问柏林
66	00575/1	헝가리-중국 관계에 대해 티라나(알바니아 수도) 중국 대사의 의견. 驻地拉那(阿尔巴尼亚首都)中国大使就匈牙利-中国关系问题的意见
66	002415	1973년 4월 4일(헝가리 해방절) 행사: 중국의 정치적, 경제적 생활에 관한 정보. 1973年4月4日(匈牙利解放日)活动：中国的政治、经济生活相关情报
66	002479	헝가리-중국 관계. 匈牙利-中国关系
66	002777/3-ig	헝가리와 중국관계. /뿌여(Puja) 동지에 대해 준비한 자료/ 匈牙利和中国间的关系 /有关Puja同志的资料/
66	00575	헝가리-중국의 관계 추이에 대한 소련의 관심. 苏联对匈牙利-中国关系发展变化的关注
66	003753/2-ig	1973년 대사(大使) 보고. 1973年大使报告
66	00392/4-ig	중국의 보고들. 시앙충푸(Hsziang Csung-pu) 1등 서기관의 방문. 中国的报告, 一等秘书Hsziang Csung-pu(？)访问
66	001489/2-ig	친선국가 대사들의 정보 교환 평가. 友好国家大使间的信息交换
66	001944	베이징의 소련 대사관 정문에서 사고. 驻北京苏联大使馆正门前的事故
66	002617/3-ig	외교 방문들. 데킬리(Dekhili) 알제리 1등 서기관과 나눈 대화. 外交访问, 与阿尔及利亚一等秘书Dekhili间的对话
66	005147	마오 중국 국가주석의 제80회 생일. 毛主席80岁生日

66	00589/11-ig	중국 내정(内政)에 관해 폴란드 대사에게 한 위찬 외교부 부부장의 발언. 外交部副部长余湛就中国内政向波兰大使的讲话
66	001484/4-ig	중국의 대내외 정책에 관한 의견들. 有关中国内政外交的建议
66	003674	저우런라이(Csou En-laj)의 내부적 지위. 周恩来的内部地位
66	004901/1-ig	요저 샨도르(Józsa Sándor)가 우한(武汉)과 광둥 여행에서 겪은 것들. Józsa Sándor武汉、广东旅行见闻
66	001207/1-ig	헝가리사회주의노동자당-중국 공산당 관계. /루마니아의 관심/ 匈牙利社会主义劳动党-中国共产党间的关系 /罗马尼亚的关注/
66	002375/17-ig	중국의 상급 당기구 조직 구성. 中国上级党机关的组织结构
66	001733/1-ig	중국 공산주의청년단의 재건. 中国共产主义青年同盟的重建
66	002614	중국-일본 우호협회파견단의 일본 방문에 대한 기록. 中国-日本友好协会派遣团访问日本的记录
66	001056/3-ig	소련-중국의 국경 회담. 苏联-中国边境会谈
67	002986/2-ig	소련-중국 국경,하바로프스크에서 국경 분쟁. 苏联-中国边境, 哈巴罗夫斯克的边境纷争
67	003738/1-ig	몽골-중국의 국경침범 문제 해결. 蒙古中国边境冲突问题解决
67	002524/3-ig	덩샤오핑과 리푸춘의 복권. 邓小平与李富春恢复权力
67	001487/2	1973년 중국경제 성과. 1973年中国经济成果

67	001488/5-ig	중국 경제발전에 있어서 당면한 주요문제에 관해. 中国经济发展面临的主要问题
67	001837/4-ig	외국 차관(借款)과 협력에 관한 중국 의견. 中国对国外借款及合作的意见
67	002373	중국과 개발도상국가들의 경제관계 추이. 中国和发展中国家间的经济关系变迁
67	002991/2-ig	중국의 경제와 관련한 대외관계. 中国有关经济的对外关系
67	001092	자이레에 대한 중국 원조. 中国对扎伊尔的援助
67	002262-	일본-중국의 상호교역. 중국의 화학공장 건설. 日本-中国的相互交易、中国化学工厂建设
67	003510/2-ig	마지(Ma Ji), 헝가리 중국기술협력위원회 중국측 의장. 匈牙利中国技术合作委员会中方负责人Ma Ji(？)
67	001487/1-ig	중국의 농업, 곡물생산 및 활용.(폴란드 동지들의 자료에 기초) 中国的农业、粮食生产及应用 /以波兰同志的资料为基础/
67	005078	베이징-모스크바 항공편. /소련 대리공사로부터의 정보/ 北京-莫斯科航班 /从苏联代理公使处得到的信息/
67	001533	파이시안쿠오(Pai Hsiang-Kuo) 중국 대외무역부 부장의 네덜란드 방문. 中国商业部部长白相国访问荷兰
67	002924/1-ig	헝가리-중국의 보건 관계. /중국침술 연구를 위한 전문가 파견/ 匈牙利-中国的卫生保健领域的关系 /为了中国的尖端研究派遣专家/
67	003756	시에후치(Hszie Fu-Csi)신임 중국 위생부 부장. 中国新任卫生部部长Hszie Fu-Csi(?)
67	001616	알바니아에서 중국어 교육. 阿尔巴尼亚的汉语教育

67	004001	유럽 사회주의 국가들과 중국의 관계. 欧洲社会主义国家与中国的关系
67	004201	중국과 불가리아 학술원의 관계. 中国和保加利亚学术院间的关系
67	004697	마오둔(Mao Tun)복권. 茅盾恢复权力
67	004827	중국-루마니아 문화관계. 中国-罗马尼亚的文化关系
67	003828	리즈왕(Li Ce-vang), 신임 중국대사의 소개 인사 차 데메떼르 샨도르(Demeter Sándor)문화관계연구소(KKI) 부소장 방문. 驻布达佩斯新任中国大使李则望访问文化关系研究所(KKI)副所长Demeter Sándor并相互介绍
67	004900	일본-중국의 장학생 교류. 日本-中国互换奖学金学生
67	00886/10-ig	헝가리-중국의 문화,학술 관계. 匈牙利-中国的文化、学术关系
67	003466	헝가리-중국 학자에 관한 중국측 의견. /임레 죄르지(Imre György)/ 中国对于匈牙利-中国学者问题的意见 /Imre György/
67	004492/1-ig	헝가리 방문 중국학자 두 사람에 대한 통지 访问匈牙利的两位中国学者的告知
67	005014	중국-루마니아 학술원 협력. 中国-罗马尼亚两国学术院的协作
67	003369	중국 도서출판의 현 상황과 문제점들. 中国图书出版的情况及问题
67	003075/2-ig	중국 피아니스트 푸중의 헝가리 연주와 관련, 쳉샤오량(Cseng Sao-liang) 중국 참사관(參事官)의 항의. 中国参赞CsengSao-liang(？)就中国钢琴演奏家傅聪在匈牙利演奏事宜的抗议

67	005160	헝가리 스포츠 전문가에 대한 중국의 초청장. 中国对匈牙利体育专家的邀请函
67	003370	최근 여론(1973년 상반기의 중국 여론). 有关最近一段时间的舆论, 1973年上半年中国舆论
67	002618	탄유그(Tanjug, 유고의 통신사) 총편집장의 베이징 방문에 관하여. Tanjug(南斯拉夫通信社)总编辑访问北京
67	001490	1973년 상반기 주요 과업에 대한 기본 원칙들. 1973年上半年主要工作的基本原则
67	002128/2-ig	특송 우편평가. /1973년 10월-12월/ 特快专递评价 /1973년 10月-12月/
67	003596/1-ig	정치 담당관들의 보고. /이반 라쓸로(Iván László)/ 政治负责人的报告 /Iván László/
67	00289/4-ig	베이징-기밀문서 관련 업무. 北京机密文件相关工作
67	00129/13-ig	베이징에서 봉인한 특송 우편. 北京加封的特快专递
67	00209/8-ig	베이징 도착 특송 우편. 寄往北京的特快专递
67	00896/2-ig	유엔 지위회복 이후 중국의 유엔정책과 활동. /유엔(UN)에서/ 中国在联合国(UN)的权利席位后相关的政策及活动 /在联合国(UN)/

Box 번호	문서번호	제목
63	001101/2-ig	중국 대내외 정책의 몇 가지 현실문제. 中国内政外交的几个现实问题
63	001434/5-ig	중국의 외교정책. 中国的外交政策
63	001970	제3세계의 양대 권력의 적대관계 심화에 대한 저우언라이의 의견. /베이징의 튀니지 대사와 나눈 대화/ 周恩来对第三世界两大权利敌对深化问题(的意见)/与驻北京突尼斯大使的对话/
63	002245/3-ig	중국-자이레 관계. 中国-扎伊尔的关系
63	002484/2-ig	중국-탄자니아 관계. 中国-坦桑尼亚的关系
63	002850	외교정책과 관련하여 중국 여론의 변화와 이에 근거한 추론. 中国在外交政策方面的舆论变化及以此为根据的推测
63	002852	중국-이집트 관계의 추이, 중국 대외정책 발전에 대한 이집트의 판단. 中国-埃及关系的发展变化、埃及对中国对外政策进展的判断
63	002853	중국-이라크 관계의 추이, 중국의 대내외 정책에 대한 이라크의 판단. 中国-伊拉克关系发展变化、 伊拉克对中国内政外交政策的判断
63	002856	중국의 아시아 정책에 대한 버마의 판단. 缅甸对中国亚洲政策的判断

63	003540/3-ig	중국-미국 관계. 中美关系
63	003837	중국-일본, 중국-미국 관계. 中日、中美关系
63	003864	소련 화물선에서 중국 관세청의 도발적 조치. 中国海关对苏联货轮的挑衅措施
63	004117	소련 대사와 위찬(Jü Csan) 외교부 부부장의 회동. 苏联大使和外交部副部长余湛会晤
63	004371	소련-미국 관계 발전과 관련 있는 중국의 자세에 대한 소련의 평가. 苏联就中国对苏联-美国关系发展态度的评价
63	004372	중국-차드 공화국 관계. 中国-乍得共和国的关系
63	004374	중국-몽골 관계. 中国-蒙古的关系
63	005173/1-ig	소련-중국 관계 /클로브(Clobe)와 마일(Mail)국장의 정보들/ 苏联-中国的关系 /Clobe和Mail局长的情报/
63	005486	서유럽의 대중국정책. /오스트리아 외무성 국장의 의견/ 中国在西欧的政策 /奥地利外交部局长的意见/
63	005554	중국 내정과 미국-중국 관계에 관한 부시(Bush)(의 의견). 中国的内政和布什对美国-中国关系(的意见)
63	005720	루마니아-중국관계 /루마니아 대사로부터 받은 정보/ 罗马尼亚-中国的关系 /罗马尼亚大使处得到的信息/
63	006024	국내문제에 관한 내부회의들에서 획득한 몇가지 중요한 정보와 평가. 从中国有关中国内政的内部会议中获得的几个重要的信息及评价
63	006088	루마니아-중국 관계와 현 중국의 내정논쟁의 근본에 관한 루마니아 외교관(의 의견).

		罗马尼亚-中国关系及罗马尼亚外交官对当前中国内政基本问题(的意见)
63	006119	프랑스-캄보디아, 중국-미국 관계에 대한 소련 대사의 소개. 苏联大使对法国-柬埔寨和中美关系的介绍
63	001732/1-ig	Y.K. 실왈(Silwal) 네팔 1등 서기관 방문. 尼泊尔一等秘书Y.K.Silwal访问
63	004603	사회주의 국가들에 대항하는 중국의 차별 조치들. 中国对抗社会主义国家的区别措施
63	004381	중국, 홍콩과 사회주의 국가들. 中国、香港和社会主义国家
63	006158	소련과 헝가리 친선에 반(反)하는 중국의 선전. 中国反对苏联、匈牙利亲善关系的宣传
63	002851	1973년 서유럽 자본주의 국가들과 중국의 관계. 1973年西欧资本主义国家与中国的关系
63	001263/2-ig	중국-아랍 관계. 中国-阿拉伯的关系
63	001550/3-ig	중국과 인도차이나 문제. 中国和中南半岛的问题
63	002026/1-ig	중국과 사하라 이남 아프리카. 中国和沙拉以南非洲地区
63	003258	중국의 '제3세계' 소속에 대해. /나이지리아 대사의 의견/ 有关中国属于"第三世界"的内容 /尼日利亚大使的意见/
63	00620/5-ig	(헝가리) 인민해방일보 1973년 12월 24일 기사와 관련한 중국의 항의. /마오쩌둥 80회 생일과 이와 관련된 기사/ 中国对(匈牙利)人民解放日报1973年12月24日报道相关抗议 /毛泽东80岁生日及相关报道/
63	001384/1-ig	/지금까지 게재된 반(反)유교(儒教)연재기사의 평가와 몇 가지 결론. /至今刊载的/对反儒教连载报道的评价及几个结论

63	004183/2-ig	저우언라이의 건강 상태와 관련한 추측. 周恩来的健康状态及有关推测
63	003836	예상되는 중국의 외교 관계 수립. 可预见的中国缔结的外交关系
63	001941	신임 베이징 상무참사관 임명. /씰라지 빨(Szilágyi Pál) 박사의 면(免)과 반러끼 러요쉬(Bánlaki Lajos) 박사의 임(任)/ 任命新任赴北京商务参赞 /免去Szilágyi Pál博士, 任命 Bánlaki Lajos博士/
63	002314	헝가리에 대한 중국의 관심. 中国对匈牙利的关注
63	004204/1-ig	가도르 페렌쯔(Gádor Ferenc)동지의 1974년 대사(大使) 보고. Gádor Ferenc同志1974年大使报告
64	001389	아프가니스탄 대사관 1등 서기관으로부터 받은 중국 관련 정보. 从阿富汗大使馆一等秘书处获得的有关中国的信息
64	001731	개발도상국로서 중국. /베이징의 탄자니아 대사관 2등 서기관으로부터 입수한 중국 관련 정보/ 中国为发展中国家/从北京坦桑尼亚大使馆二等秘书得到的 有关中国的信息/
64	002148	중국 대사관에서 주최한 영화 다과회. 中国大使馆举行电影茶话会
64	002861	써보 라쓸로(Szabó László) 동지의 루마니아 2등 서기관 방문. Szabó László同志访问罗马尼亚二等秘书
64	003707	하야시(Hayashi)일본 대사와 나눈 대화를 요저 샨도르 (Józsa Sándor) 동지에게(알림). (告知)Józsa Sándor同志的有关与日本大使Hayashi的对话
64	005610	자본주의 국가의 위기에 대한 위찬(Jü Csan)(의 의견). 余湛对资本主义国家危机(的意见)

64	006080	부다페스트 중국 대사의 티라나(알바니아의 수도) 방문. 布达佩斯中国大使访问地拉那(阿尔巴尼亚首都)
64	00428	중국 지도자들의 신년 축하 인사. 中国领导人新年贺词
64	001037/1-ig	소련에서 중국 외교관 추방. 苏联驱逐中国外交官
64	003709	중국의 무역과 경제 정책. 中国的贸易经济政策
64	00870	중국 창건 26주년 기념 루마니아 계획. /1974년 10월 1일/ 罗马尼亚纪念中国建国26周年的计划 /1974年10月1日/
64	002107	헝가리-중국 친선 및 협력 합의 서명 15주년. 匈牙利-中国友好协作协议签署15周年
64	004452/8-ig	중국 창건 25주년 기념 축하 행사에 대한 몽골의 계획. 蒙古对中国建国25周年纪念庆祝活动的计划
64	004643	루마니아 해방 30주년기념 중국의 당(黨)과 정부 파견단의 방문 배경. 罗马尼亚解放30周年纪念之际中国政党及政府使团访问背景
64	004891/1-ig	중국과 외교 관계 수립 25주년 기념행사에 대한 친선 국가들/사회주의/의 계획. 友好国家(社会主义国家)就与中国建交25周年纪念活动的计划
64	005642/1-ig	11월 7일(사회주의 혁명 기념일) 중국의 축하 전문(電文)들. 中国对迎接11月7日(社会主义革命纪念日)的贺电
64	003754	베이징 외교 단체 야유회의 문제점들. 驻北京外交团体郊游的问题
64	001367/30-ig	중국의 내부 상황에 대한 루마니아 외교관의 평가. 罗马尼亚外交官对中国内部情况的评价
64	003142	마오주의자(Maoist)의 당(黨)들과 분파들. 毛泽东统治下的党和各派别

64	006028	중국 공산당의 지방, 자치구, 도시 위원회 지도자 구성. 中国共产党的地方、自治区、城市委员会领导班子构成
64	Sz.nélk.	1974년 3월에 개최된 7개 자매당(姉妹黨) 외교분과의 중국 회의. 1974年3月举行的7个姉妹党召开的与中国相关的外事会议
64	001076	상하이 청년운동의 "문화대혁명"의 특징. 上海青年运动的"文化大革命"特点
64	005205	베트남에서 화교의 상황. 越南的中国少数民族状况
64	004116/3-ig	베이징에서 지속된 소련-중국의 국경 회담. 在北京连续举行的苏联-中国边境会谈
64	005572	베트남 국경에서의 중국의 도발. 中国在越南边境上的挑衅
64	006353	중국과 사이공 정권 사이의 영토 문제. 中国与西贡政权间的领土问题
64	00877/1-ig	남베트남 임시혁명정부와 중국의 비자 합의. 南越南临时革命政府和中国的签证协议
64	00717	중국 군사 지구(地區) 지도자 재편. 中国军区领导人改革
64	002862	중국의 대내외 정책 관련 각각의 문제점들에 대하여 중국 간부들의 성명. 中国干部就中国内政外交政策相关问题的声明
64	004503	베이징에서 중국 군대의 날 축하 행사. 北京举行中国建军节庆祝活动
64	005132	로마에서 헝가리 무관이 주재한 리셉션에 로마의 신임 중국 대사, 한커화의 참석. 新任驻罗马中国大使韩克华参加驻罗马匈牙利武官的罗马招待会
64	005148	(건국) 제25주년 계기 예상되는 복권자(復權者)들. 预计在(建国)25周年恢复权利的人

64	005530	사회주의 국가의 무관들에 대한 안내 행사에 중국 무관의 불참. 中国武官不参加社会主义武官介绍活动
64	002756	중국 군인 파견단의 페루 방문. 中国军人特派团访问秘鲁
64	001383	동독 대사의 출장 보고 송부. 发送东德大使的出差报告
64	001729	중국 산업과 농업의 1973년의 발전에 대한 예상결과 평가. 对中国产业与农业1973年发展预想结果的评价
64	001848	고틀립 두트바일러(Gottlieb Duttweiler) 연구소의 중국 세미나. Gottlieb Duttweiler研究所中国研讨会
64	003247	중국-오스트리아 경제 관계. 中国-奥地利的经济关系
64	003475/1-ig	중국의 경제 정책. /리챵(Li Csiang)의 전언/ 中国的经济政策 /Li Csiang(?)的信息/
64	005199	1973년 중국-미국의 무역추이와 1974년 및 내년의 몇 가지 경향. 1973年中美贸易趋势和1974年及明年有关的几个倾向
64	005565	베트남-중국 경제 관계. 越南-中国的经济关系
64	006163	중국과 팔레스타인해방기구. 중국과 일본의 경제 관계. 中国和巴勒斯坦解放组织、中国和日本的经济关系
64	003705	헝가리 제약산업 파견단의 중국 견학. 匈牙利制药产业特派团来中国观摩学习
64	001762	황해 해저의 석유 매장에 대한 중국의 (권리) 주장. 中国有关黄海海底埋藏石油的(权利)主张
64	00445	보고들. 헝가리-중국의 기술 학술 협력위원회 제13차 회의 및 보르반디(Borbándi) 동지의 베트남 방문에 대해 소련외교관에게 제공된 소개.

		报告，匈牙利-中国技术、学术学术合作委员会第13次会议及就Borbándi同志访问越南事宜向苏联外交官提供的介绍
64	002901)1-ig	동독-중국의 기술-학술 협력. 东德-中国技术、学术合作
64	006294	헝가리-중국 기술-학술 협력위원회 제13차 회의에 관한 국제경제관계위원회에 대한 보고. 国际经济关系委员会就匈牙利-中国技术、学术合作委员会第13次会议相关内容的报告
64	006023	중국 농업의 일반상황. 有关中国农业的一般情况
64	001388/1-ig	1973년 1월-10월 사이 중국-캐나다의 무역 관계. 1973年1月-10月间中国-加拿大的贸易关系
64	001994/1	헝가리-중국 무역 관계에 대한 몇 가지 문제점. 匈牙利-中国贸易关系的几个问题
64	002163	중국인들의 페루 이주. 中国人移民秘鲁
64	003706	중국 외교 정책의 주요 특징, 공교육(公敎育)과 문학과 예술의 새로운 현상과 문제점들. 中国外交政策的主要特点、国家教育和文学艺术的新现象及问题
64	002560	신(新)문화대혁명에 관한 외국의 의견. 外国对新文化革命的意见
64	00684/4-ig	중국 학자들의 헝가리 방문 신고. 中国学者访问匈牙利的申报
64	00995/3-ig	헝가리-중국의 학술원 관계에 대한 안내. 匈牙利-中国两国学术院关系的介绍
64	003492	헝가리 학술원 파견단원인 껠레띠 떠마쉬(Keleti Tamás)와 렌젤 샨도르(Lengyel Sándor)의 중국 견학. 匈牙利学术院使团团员Keleti Tamás和Lengyel Sándor到中国观摩学习

64	003461	중국-서독 학술 협력. 中国-西德学术协作
64	001895)1-ig	"지구의 국가들"이라는 제목의 헝가리지도에 대해 중 국이 인지함. 中国对匈牙利地图"地球的国家"这一题目的认识
65	001387	중공중앙 신년 사설(社說) 평가. 中共中央新年社论评价
65	003877	6월 13일의 지방의 대자보. 6月13日地方大字报新闻
65	002774/1-ig	베이징의 몽골어 라디오 방송. 北京的蒙古语广播
65	00804/5-ig	특송 우편 평가. /1973년 10월-12월 특송 우편 자료의 활용/ 特快专递评价 /1973年10月-12月特快专递资料的使用/
65	003708/6-ig	외교관리들의 보고. 外交官员的报告
65	00300/1	대사관 자료 송부에 관한 목록. 大使馆资料发送的相关目录
65	00300,+2	(문서)파기 목록. (文件)销毁清单
65	00148/6-ig	베이징 봉인 특송 우편. 北京封存的特快专递
65	00224/7-ig	베이징 도착 특송 우편. 到达北京的特快专递

Box 번호	문서번호	제목
81	00866/1-ig	중국-미국 관계. /일반/ 中美关系 /普通/
81	00973	궈모루어 전국인민대표대회 상임위원회 부의장에 관한 정보. 全国人民代表大会常委会副委员长郭沫若的相关信息
81	00974/1-ig	리체왕((Li Ce-vang) 대사가 주최한 저녁 만찬에서 거론된 것에 관한 보고. /양국 관계, 무역, 기술, 보건, 스포츠 등/ 李则望大使在主办的晚餐中对提到的问题的相关报告/两国关系、贸易、技术、卫生、体育等/
81	001151	중국 지도자들의 재선. 中国领导人再次当选
81	001308	중국과 서유럽 국가의 일반관계. 中国和西欧国家间的一般关系
81	001311/4-ig	중국-인도 관계 추이. 中印关系发展变化
81	001312/1-ig	중국과 제3세계 관계. 中国与第三世界的关系
81	001313/1-ig	중국-몽골 일반관계. 中国-蒙古的普通关系
81	001314/1-ig	중국-루마니아 일반관계. 中国-罗马尼亚的普通关系
81	001316/1-ig	헝가리-중국 일반관계. 匈牙利-中国的普通关系

81	001414	중국의 외교 관계와 경제상황에 대한 중국 서기관의 의견 및 헝가리의 노동력 교환에 대한 관심. 中国使馆秘书对于中国外交关系和经济状况的意见以及对匈牙利交换劳动力的关注
81	002141	중국의 대내외 정책. 中国的内政外交政策
81	002696	베이징 헝가리 대사관에서의 4월 4일(헝가리 해방절) 행사. 驻北京匈牙利大使馆4月4日(匈牙利解放日)举行的活动
81	002732	리셴녠, 중국 부총리의 이란 방문. 中国副总理李先念访问伊朗
81	002802/2-ig	버마에서 인지 가능한 중국 외교 정책의 영향. 缅甸认识到的中国外交政策的影响
81	002816/1-ig	중국의 대내외 정책. 中国的内政外交政策
81	002843	중국-서독 일반관계 증진. 中国-西德增进普通关系
81	002877	앙카라 중국 대사관의 활동. 驻安卡拉中国大使馆的活动
81	002936	중국의 대내외정책에 관한 의견들. /오타와/ 中国内政外交政策的相关意见 /渥太华/
81	002951/2-ig	중국 부총리의 파키스탄 방문. 中国副总理访问巴基斯坦
81	002963	중국-발칸 관계. 中国-巴尔干关系
81	003016	발칸 국가들에 대한 중국의 외교활동. 中国对巴尔干国家开展的外交活动
81	003065	첸융유이(Chen Yung-jui) 중국 부총리의 멕시코 방문. 中国副总理陈永贵访问墨西哥
81	003173	모로코에서 중국의 활발한 활동. 中国在摩洛哥的积极活动

81	003406	중국외교 정책에 관한 저우언라이의 성명. 周恩来关于中国外交政策的声明
81	003453/2-ig	중국의 아시아 정책. 中国的亚洲政策
81	003522	중국의 내부 상황과 베트남 재통일과 관련된 중국입장에 대한 베트남 대사의 의견과 정보들. 中国的内部情况及越南大使对中国在越南重新统一问题中的立场的意见及信息
81	003523	1975년의 대사(大使) 보고. 1975年大使报告
81	003548	덩샤오핑의 파리 방문. 邓小平访问巴黎
81	003920	중국의 외교정책과 인도차이나, 그 지역 국가들과 중국의 관계 中国的外交政策和中南半岛，该地区国家与中国的关系
81	004003	나이지리아에서의 중국영향. 中国在尼日利亚的影响
81	004407	알제(알제리의 수도)에서 킨샤사(콩고의 수도)로 주알제리 중국대사의 이동. 驻阿尔及利亚中国大使从阿尔及尔(阿尔及利亚首都)转移到金沙萨(刚果首都)
81	004783/2-ig	예상되는 중국-소련 관계의 추이와 중국의 방침. 预测的中苏关系趋势及中国的方针
81	004943/1-ig	중화인민공화국 창건 제26주년. 中华人民共和国建国26周年
81	005040	중국-캄보디아 일반 관계. 中国-柬埔寨的普通关系
81	005054	키엔 샴판(Khien Shamphan)을 단장으로 한 캄보디아 파견단의 중국 방문. 以Khien Shamphan为团长的柬埔寨使团访问中国

81	005055	중국과 일부 유럽 사회주의 국가들의 관계. 中国和部分欧洲社会主义国家间的关系
81	005292	파리의 헝가리 대사에게 쩡타오 중국 대사의 친선 저녁 만찬. /중국-프랑스의 관계/ 中国大使曾涛在巴黎举办友好晚宴招待匈牙利大使 /中法关系/
81	005380/1-ig	유엔(UN)과 유엔외 뉴욕에서의 중국의 활동. 中国在联合国及联合国以外纽约地区的活动
81	005707	1975년 헝가리-중국의 일반적 관계 추이. 1975年匈牙利-中国的普通关系的变化发展
81	006192/2-ig	강성(Kang Seng)의 사망을 맞아 베이징에서 조의(弔意) 표명. 对康生逝世表示吊唁
81	00681/26-ig	중국의 내정(内政) 상황. 中国的内政情况
82	00724/5-ig	전국인민대회 제4차 회의. 全国人民大会第4次会议
82	001175/2-ig	중국의 신(新) 헌법. 中国的新宪法
82	001318	중국 내정(内政)의 문제점들. 中国内政的问题
82	001575	중국 헌법 수정과 인원(人員) 변화. 中国宪法修订人员变化
82	001581	마오쩌둥(Mao Ce tung)과 저우언라이(Csu En laj) 건강 상태에 관한 정보들. 有关毛泽东和周恩来健康状态的信息
82	001740	헝가리사회주의노동자당 제11차 당 총회 개최에 관한 안내. 匈牙利社会主义劳动党第11次党总会召开相关介绍
82	002842	중국에서 철도원들의 파업. 中国铁路工人的罢工

82	004046/1-ig	중국어로 된 반(反) 마오쩌둥(Mao Ce tung) 전단. 反毛泽东汉语传单
82	004540/4-ig	마오주의(Maoism)와 관련하여 울란바토르에서 진행한 당(黨) 간(間) 회의. 乌拉巴托举行有关毛泽东思想的政党会议
82	005375	중국-조선의 당(黨) 관계. 中国-朝鲜的政党关系
82	002871	소련-중국의 국경 회담. 苏联-中国的边境会谈
82	002760	중국 군인 사절단의 베트남 방문. 中国军人使团访问越南
82	004560	프라하의 중국 무관(武官) 공관(公館)에서 중국군인 단체의 감사(監查). 布拉格中国武馆公馆对中国军人进行监察
82	004657	중국인민해방군 창건 제48주년 기념행사. /중국인민해방군(KNFH)/ 中国人民海军建军48周年纪念活动 /中国人民海军(KNFH)/
82	004906	군대의 날 축하 행사. 建军日庆祝活动
82	001315/2-ig	중국의 대외무역 관계. 中国的对外贸易关系
82	001364/1-ig	중국-미국의 무역 관계. 中美贸易关系
82	001434	Kínai földrengés. 중국의 지진. 中国地震
82	002406	중국-버마의 경제 관계. 中国-缅甸的经济关系
82	002651	헝가리-중국의 무역 관계. 匈牙利-中国的贸易关系

82	002839	1974년 중국의 무역 추이. 1974年中国的贸易变迁
82	002840	1974년 중국의 산업과 농업 상황. 1974年中国产业与农业情况
82	003337/2-ig	중국과 유럽경제공동체(EGK). 中国和欧洲经济共同体(EGK)
82	003524	대사(大使) 클럽의 1975년 5월 12일 자료. 大使俱乐部1975年5月12日的资料
82	003922	루마니아-중국의 경제 관계. 罗马尼亚-中国的经济关系
82	004280/1-ig	중국-알바니아 장기(長期) 경제 합의. 中国-阿尔巴尼亚长期经济协议
82	004431/1-ig	헝가리-중국의 기술 학술회의 준비와 관련한 문제점. 有关匈牙利-中国的技术、学术会议准备问题
82	005057/1-ig	경제 개발과 관련하여 중국의 경제 구상. 中国有关经济开发问题的经济构想
82	005991	중국에서 지불 단계 도입. 中国引入职称评价工资制
82	001788	헝가리 학술원과 중국 학술원의 1975년 학자 및 연구자 교환. 匈牙利学术院和中国学术院1975年互换学者、研究员
82	005056	"강변(江邊)의 역사"라는 제목의 장편소설과 관련하여 시작된 최근의 내정(内政) 캠페인. 与长篇小说"江边的历史"有关的最近出现的内政阵营
82	006278	중국에서 "10월 혁명". 中国的"10月革命"
82	0041	마오주의자(Maoist)들의 선전에 대한 소련 외무성의 자문. 苏联外交部为毛泽东思想宣传提供咨询
82	004849/1-ig	부다페스트 중국 대사관 사진 전시판의 반소(反蘇) 선전 자료. 驻布达佩斯中国大使馆照片展板上的反苏宣传资料

82	005211	프라하에서 공인된 중국 기자 우신휘(Wu Shin-Hui)의 체코슬로바키아 지도노선 비방 기사. 布拉格认证的中国记者吴新辉对捷克斯洛伐克指导路线的诽谤报道
82	00288/6-ig	1974년 하반기의 베이징 특송 우편 활용. 1974年下半年北京特快专递使用
82	001409	베이징 특송 우편 자료들 전달. 北京特快专递的发送
82	003495/1-ig	베이징 대사관 기밀서류 자료들의 파기. 北京大使馆机密文件资料的销毁
82	003923/4-ig	베이징 외교관 관원들의 보고. 北京外交官官员的报告
82	00371/5-ig	베이징에서 봉인한 특송 우편. 北京封存的特快专递
82	001307/8-ig	베이징 착(着) 특송 우편. 发往北京的特快专递

Box 번호	문서번호	제목
78	00355/5-ig	저우언라이(Csu En-Laj) 사망에 대한 조의(弔意) 표의. 对周恩来逝世表示吊唁
78	00877/5-ig	가도르 페렌쯔(Gádor Ferenc) 베이징 대사의 이임 방문. 北京大使Gádor Ferenc卸任访问
78	001145	루마니아-중국의 관계. 罗马尼亚-中国的关系
78	001149/1-ig	마오(Mao)의 사망 이후 중국의 대외 정책. 毛泽东去世后中国的对外政策
78	001239	중국의 국가 의전 단순화. 中国简化国家礼宾程序
78	001425	국제적 현안에 대한 중국의 입장. 中国对国际问题的立场
78	002222	중국-헝가리의 관계. 中国-匈牙利的关系
78	002286/7-ig	중국-소련의 일반적 관계. 中国-苏联的普通关系
78	002762/2-ig	중국의 대내외 정책. 中国的内政外交政策
78	003122/2-ig	베이징 헝가리 대사, 리반쓰끼(Ribánszki) 동지에게 아그레망 요청. 向驻北京匈牙利大使Ribánszki同志递交国书的邀请
78	003802	베이징 헝가리 대사관의 보고. 北京匈牙利大使馆的报告
78	004136	베이징 외교 단체를 위해 조직한 야유회. 为驻北京外交团体组织的郊游活动

78	004495	중국의 유엔(UN) 활동. 中国在联合国(UN)的活动
78	004631/6-ig	베이징의 헝가리 대사, 리반쓰끼(Ribánszki) 동지의 소개 인사 차 방문들. 驻北京匈牙利大使Ribánszki同志介绍访问
78	004686/32-ig	마오쩌둥(Mao Ce-tung) 사망. 毛泽东逝世
78	004921	호치민(Ho Si Minh)의 영묘 연구를 위해 중국 파견단의 하노이 도착. 中国使团抵达河内对胡志明陵墓进行研究
78	004922	중국의 국가 기념일에 대해 소련의 행사. 苏联在中国国家纪念日举行的活动
78	005463	중국에서 마오쩌둥의 사망 후 장례 및 중국-조선 관계의 미래. 毛泽东逝世后的葬礼及中国-朝鲜关系的未来
78	005331	울란바토르에서 11월 7일(사회주의 혁명 기념일) 기념과 관련된 행사에서 중국 외교관들의 행동. 中国外交官在乌兰巴托于11月7日(社会主义革命纪念日)举行的纪念活动中的行为
78	005653/4-ig	사회주의 국가들의 외교관들에 대한 중국 외교관들의 행동. 中国外交官对社会主义国家外交官的采取的行动
78	005784/1-ig	차오싱치(Chao Ksing-chih) 바그나드 대사의 (본국) 송환. 巴格达大使曹痴被遣返回国
78	005850/11-ig	이임하는 중국 대사, 리체왕(Li Ce-vang)의 약력. 离任中国大使李则望的简历
78	005982	부다페스트에서 이임하는 리초왕(Li Co-vang) 중국 대사의 폴란드 부임. 中国大使李则望从布达佩斯离任赴波兰上任

78	006023	중국 외교관들의 변화와 관련하여 마오쩌둥(Mao Ce-tung) 사망 이후 감지되는 것들. 毛泽东逝世后, 感受到中国外交官的变化
78	006067	중국과 서유럽이라는 명칭으로 공관 지도자들의 친선 자문 모임. 使馆负责人以中国和西欧的名义举行友好咨询聚会
78	006068	중국과 아프리카 국가들의 현재 정책. 中国和非洲国家的现行政策
78	006070	중국-불가리아 관계의 추이. 中国-保加利亚关系发展变化
78	006073	바르샤바에서 이임하는 중국 대사, 리우티에셍(Liu Tie-seng)의 부다페스트 부임. 中国大使刘铁生从华沙离任, 赴布达佩斯上任
78	006128	1970-1973년 동안 부다페스트의 대사(大使)였던 뤼치시엔(Lü Csi-hszien) 중국 대사에 대한 정보 요청. 要求获得1970-1973年曾任中国驻布达佩斯大使吕志先的相关信息
78	006160	치펑페이(Csi Peng-fej)를 단장으로 한 중국의 친선 파견단의 유고슬라비아 방문. 以姬鹏飞为团长的中国友好使团访问南斯拉夫
79	001103/58-ig	중국의 내정(內政) 상황: 문화대혁명 집단의 도발 이후 중국 지도부의 심각한 상황, 마오(Mao) 사망 이후의 중국에 대한 스웨덴의 의견, 중국의 내부 상황의 추이 및 외교 정책. 中国的内政情况：文化大革命领导小组挑衅后中国领导层面临的严峻情况, 毛死亡以后瑞典对中国的意见, 中国内部情况趋势及外交政策
79	001150	신년(新年) 이전 몇 주 동안의 중국의 주요 내정(內政) 사건들 및 저우언라이(Csou en-laj)의 사망. 新年之前几周时间中国的主要国内政治事件及周恩来去世

79	001151/52-ig	중국의 당(黨) 및 국가 지도부의 변화와 1976년에 시작된 대중 조직들. 中国政党及国家领导层变化和1976年兴起的群众组织
79	001152/1-ig	중국 내정(内政) 분석, 복권된 간부들의 역할과 중국의 지도 방침. 中国的内政分析, 重获权利的干部作用及中国的指导方针
79	001209	동독 대사의 신임장 제정(提呈). 东德大使递交国书
79	001440	남 베트남에서 화교의 상황. 南越南中国(少数)民族情况
79	001534/5-ig	인민일보에서 반(反) 덩샤오핑(Theng Hsziao Ping) 언론 캠페인. 人民日报中的反邓小平言论阵营
79	002288	마오쩌둥(Mao-Ce-tung)의 건강 상태. 毛泽东的健康状态
79	002763/1-ig	중국 공산당의 국제 관계. 中国共产党的国际关系
79	003199	덩샤오핑(Theng Hsziao-ping)-너지 임레(Nagy Imre, 헝가리 56년 혁명의 상징적인 지도자) 비교. 邓小平-Nagy Imre(匈牙利56年革命象征性的领导人)比较
79	004179/3-ig	중국 전국인민대회 상임위원회 의장, 주더(Csu Te)의 사망. 中国全国人大常务委员会委员长朱德去世
79	004743	베트남에서 거주하는 중국인의 상황. 在越南居住的中国人的情况
79	006080	중국에서 "문화대혁명" 평가. 中国国内对"文化大革命"的评价
79	001104/2-ig	중국-베트남의 국토 논쟁. 中国-越南领土争端

79	004639	시산타오(Hszisatao)와 난사토(Nansato) 섬 소유권으로 인한 중국의 항의. 由Hszisatao和Nansato岛所有权引发的中国抗议
79	003020/1-ig	중국-이집트의 관계. 中国-埃及的关系
79	005799	현(現) 국방부부장 예젠잉(Je Csien-jing). 现任国防部部长叶剑英
80	001177	중국 석유 정책의 주요 경향에 관한 정보들. 中国石油政策主要倾向的相关信息
80	001289	이탈리아-중국의 경제 관계. 意大利-中国的经济关系
80	001590/3-ig	베이징에서 헝가리-중국의 무역 회담. 在北京举行的匈牙利-中国贸易会谈
80	002077/3-ig	일본으로 중국의 석유 운송. 运往日本的中国石油
80	002764	중국 인민경제의 1975년 추이. 1975年中国国民经济趋势
80	004022	니메트 이반(Németh Iván)의 시안 출장 보고. Németh Iván西安出差报告
80	005110	중국-미국의 무역 관계. 中美贸易关系
80	005118/4-ig	헝가리-중국의 기술-학술 협력. 匈牙利-中国的技术学术协作
80	005411	중국의 국제 무역 관계의 예상되는 추이에 대한 의견들. 有关中国国际贸易关系预测趋势的意见
80	005429	헝가리-중국 무역 관계 발전의 조건들에 대한 첸치에(Csen Csie) 중국 대외무역부 부부장(의 의견). 中国对外贸易部副部长陈洁就匈牙利-中国贸易关系发展条件的意见
80	005885	사회주의 국가들과 중국의 무역 관계. 社会主义国家和中国的贸易关系

80	006066	"4인방" 비판으로 본 중국 경제 정책의 문제들. 通过批判"四人帮"发现的中国经济政策问题
80	006069	헝가리 장비 산업 전시회에서 중국인들의 태도. 中国人对匈牙利装备产业展示会的态度
80	004411/2-ig	중국의 지진과 관련된 정보들. 中国地震相关信息
80	001148	중국 인민(초등)학교들의 문제점, 어려운 점들. 中国人民(小学)学校的问题、难题
80	001266	교육 캠페인에 관한 중국의 의견. 中国对教育阵营的意见
80	001275	헝가리-중국의 학술 관계 진흥과 퇴보, 헝가리 학자들의 중국 방문. 匈牙利-中国的学术关系振兴及倒退，匈牙利学者访问中国
80	003621	중국 문화 생활의 현재 상황. 目前的中国文化生活情况
80	001210/1	영사 활동에 대한 보고. 领事活动相关报告
80	002257/1-ig	베이징 헝가리 대사로 (임명) 예정된 리반쓰끼 로베르트(Ribánszki Róbert)에 대한 준비 계획. 预计(任命)Ribánszki Róbert为驻北京匈牙利大使的准备计划
80	00291/6-ig	베이징 대사관의 1급 기밀 자료 평가. 北京大使馆1级机密资料评价
80	004023/4-ig	정치 담당 관원들의 당해 보고. 负责政治方面的官员当年报告
80	005401	(중국을) 방문하는 헝가리 국적인들을 대하는 중국의 태도. 中国对访问(中国)的匈牙利国籍的人的态度
80	004542/3-ig	베이징 대사관의 "1급 기밀" 자료들 폐기. 北京大使馆"一级机密"资料销毁
80	001144/10-ig	베이징 발(發) 특송 우편 요약. 北京发出的特快专递要点

| 80 | 00513/7-ig | 베이징 착(着) 특송 우편 요약.
发往北京的特快专递要点 |

Box 번호	문서번호	제목
75	00211/2-ig	중국 헝가리 대사, 리우티에셍(Liu Tie-seng). 中国驻匈牙利大使刘铁生
75	00212	모잠비크에서 중국의 위상. 中国在莫桑比克的地位
75	00289	마오쩌둥(Mao Ce-Tung) 사망에 대한 오스트레일리아의 반응. 澳大利亚对毛泽东逝世的反应
75	00439/2-ig	헝가리-중국 관계. 匈牙利-中国的关系
75	00475	리반쓰끼(Ribánszki) 동지의 소개 인사 차 방문들. Ribánszki同志介绍访问
75	00476	저우언라이(Csou En-laj) 사망 1 주기와 덩샤오핑(Teng Hsziao-ping)과 관련된 시위들. 周恩来逝世一周年及有关邓小平的游行示威
75	00734/9-ig	소련-중국의 관계. 苏联-中国的关系
75	001552/3-ig	비로 요제프(Biró József) 무역상(相)의 베이징 (통과)방문. 贸易部长Biró József访问北京
75	001737	중국-베네주엘라의 관계. 中国-委内瑞拉的关系
75	001868/3-ig	중국의 대외 정책, 국가 개관. 中国的对外政策、国家概况
75	001938/9-ig	신임 중국 대사 리우티셍(Liu Tie-seng)의 소개 인사 차 방문. 新任中国大使刘铁生介绍及访问

76	002083/1-ig	저우언라이(Csou En-laj)의 미망인인 덩잉차오(Teng Ying-chao) 중국 전국인민회의 상임위원회 의장의 버마 방문. 周恩来遗孀邓颖超以中国全国人大常务委员会委员长身份访问缅甸
76	002104/4-ig	중국 대내외 정책의 몇 가지 현안. 中国内政外交政策存在的几个问题
76	002338	성은판(Sung En-fan) 중국 참사관(參事官)의 방문. 中国参赞Sung En-fan访问
76	002396	중국 공사당의 국제 관계 추이. 中国共产党国际关系的发展变化
76	002588	카이로 중국 대사관의 시도. 驻开罗中国大使馆的尝试
76	003081	중국-미국과 중국-일본의 관계. 中美和中日关系
76	003083	라오스와 캄보디아에서 중국의 실재(實在). 中国在老挝和柬埔寨的存在
76	003408	1977년 국가 경축일의 리셉션. 1977年国家庆祝日酒会
76	003433	중국의 전국인민대표대회 파견단의 유고슬라비아 방문. 中国人大代表委员会使团访问南斯拉夫
76	003495	중국-스웨덴 관계. 中国-瑞典的关系
76	004028/2-ig	베이징 대사인 리반쓰끼 로베르뜨(Ribánszki Róbert) 동지의 당해 보고 요약. 驻北京大使Ribánszki Róbert同志当年报告概要
76	004030	1977년 봄의 외교 단체 야유회. 1977年春外交团体郊游
76	004033/2-ig	중국의 상황에 대한 주(駐)헝가리 베트남 대사와의 대화. 与驻匈牙利越南大使就中国情况的对话
76	004196	중국 재향군인 파견단의 유고슬라비아 방문. 中国退伍军人使团访问南斯拉夫

76	004359/3-ig	중국에서 마오쩌둥 사망 이후 진행된 변화들과 헝가리-중국 관계의 추이. 中国国内在毛泽东逝世后发生的变化及匈牙利-中国关系的发展变化
76	004474/8-ig	중국-알바니아 관계. 中国-阿尔巴尼亚的关系
76	004974	중국 창건 제28주년. 中国建国28周年
76	005121/1-ig	덩샤오핑의 성명. 邓小平的声明
76	005125/1-ig	"국가 정비" 구상. 국가계획위원회 기사(記事). "国家整顿"构想, 国家计划委员会记事
76	005344	중국 외교부과 사회주의 국가 공관의 관계. 中国外交部和社会主义国家公馆间的关系
76	005449	에티오피아-중국 관계. 埃塞俄比亚-中国的关系
76	005518	황화 중국 외교부 부장의 캐나다 방문. 中国外交部部长黄华访问加拿大
76	005583	중국의 아프리카 정책 활성화. 中国对非政策的灵活性
76	005908	노르웨이에서의 중국인의 활발한 활동. 中国人在挪威进行积极活动
76	006147	중국과 아세안 관계. 中国和东盟的关系
76	006152	(헝가리) 대사관의 공식 관계와 사회적 관계들. (匈牙利)大使馆的官方关系及社会关系
76	006154	몽골에서 중국의 국가 기념일에 거행한 행사들. 蒙古在中国国家纪念日举办的活动
76	006262	신임 하노이 중국 대사의 인사차 방문. 新任河内中国大使的介绍及访问

76	00629311-ig	중국의 신임 바그다드 대사. 中国新任巴格达大使
76	00210/14-ig	중국 내정에 대한 분석과 평가. 对中国内政的分析及评价
76	001187/15-ig	중국의 내부상황. 中国的内部情况
76	002999/8-ig	중국 공산당 제21차 대회. 中国共产党第21次代表会议
76	003082	문화대혁명의 문제점들, 마오의 사망. 文化大革命的问题, 毛泽东的逝世
76	004168	당 대회와 전국인민대회에서의 쳉치에(Cseng Csie)행동에 대하여. 党代表大会及全国人民代表大会中Cseng Csie的活动
76	004446	중국공산당 중앙위원회 회의에 관한 정보. 中国共产党中央委员会会议相关信息
76	004542/1-ig	리우티에성 중국대사의 오찬에 대한 보고. 有关中国大使刘铁生午餐的报告
76	006149	중국의 동남부 출장에서 경험한 것들. 中国东南地区出差见闻
76	006151	경제,정치와 문화적 상황에 대한 지방 출장의 경험들. 各地出差有关经济, 政治、文化情况的见闻
76	006153	중국 공산당 제11차 대회 중앙위원회 위원들과 후보위원. 中国共产党第11次中央委员会委员及后补委员
77	001713	소련-중국의 국경 회담. 苏联-中国边境会谈
77	005741	중국과 사이공 정권의 영토 분쟁. 中国和西贡政权间的领土争端
77	001507/1-ig	중국의 경제 상황. 中国的经济状况

77	002239	"제2차 타차이(Tacsaj) 회의"와 새로운 중국 지도부의 경제정책 구상. "第2届Tacsaj会议"和新的中国领导班子对经济政策的构想
77	002245/1-ig	중국과 사회주의 국가의 관계. 中国和社会主义国家间的关系
77	002667/1-ig	베이징 상무관 자료의 체계적 보고와 관련된 훈령. 北京商务专员资料的系统的报告及相关训令
77	002753	중국-쿠바의 무역 관계 中国-古巴的贸易关系
77	003227	중국 상무부 부부장의 오스트리아 방문. 中国商务部副部长访问奥地利
77	003801/1-ig	헝가리-중국의 무역 관계. 匈牙利-中国的贸易关系
77	004027	타칭(Tacsing)회의와 중국경제. Tacsing会议和中国的经济
77	004461	중국과 유럽경제공동체. 中国和欧洲经济共同体
77	004628/1-ig	헝가리-중국의 기술-학술 협력위원회 제16차회의. 匈牙利-中国的技术、学术合作委员会第16次会议
77	004956	중국 농업 파견단의 유고슬라비아 방문. 中国农业使团访问南斯拉夫
77	005531/3-ig	헝가리-중국의 통화회계 변경에 대한 중국의 제안. 中国对于匈牙利-中国的通货计算变更提案
77	005852/2-ig	비(非)상업 지불체계 변경과 관련된 중국의 공식제안. 中国关于非商业支付体系变更正式提案
77	006150	중국의 지원정책. 中国的支援政策
77	006248	서독으로부터 중국의 구매. 中国向西德购买的物品
77	006353	(헝가리와) 중국의 기술-학술 협력 관계. (匈牙利和)中国的技术-学术合作关系

77	006424	리우티에성(Liu Tie-sen) 중국 대사의 뿌여(Puja) 동지 방문. 中国大使刘铁生访问Puja同志
77	001506	동독 외교관의 지방 방문. 东德外交官访问地方
77	00574	중국 대사관의 요청. 中国大使馆的邀请
77	002003/2-ig	헝가리 학술원과 중국의 관계. 匈牙利学术院和中国的关系
77	006001	중국 대사와 (헝가리의) 전국체육청 청장(廳長) 간 대화. 中国大使和(匈牙利)全国体育厅厅长间的对话
77	006148	현재 중국에서 학술 및 기술과 교육의 문제점들. 当前中国学术与技术教育存在的问题
77	001509/1-ig	안내와 선전 과업에서 베이징의 사회주의 국가 외교 공관들의 협력. 介绍宣传工作中驻京社会主义国家使馆合作
77	005123	사회주의 국가들에 적대적인 중국의 선전. 中国对社会主义国家的敌对宣传
77	001592/3-ig	베이징 (헝가리) 대사관의 주요 과업. 驻北京(匈牙利)大使的主要工作
77	004742/1-ig	베이징 대사관 외교 관리의 보고 요약. 北京大使馆外交官要点报告
77	004165/2-ig	베이징 대사관의 기밀문서 관련 업무. 驻北京大使馆机密文件相关工作
77	00120/5-ig	베이징 도착(着)기밀문서 특송 우편 요약. 发往北京的机密文件特快专递清单
77	00121/9-ig	베이징 발(發) 기밀문서 특송 우편 요약. 北京发送的机密文件特快专递清单

Box 번호	문서번호	제목
76	0059	중국-동독 관계. 中国-东德的关系
76	00354/6-ig	중국의 외교정책. 中国的外交政策
76	00791/4-ig	중국 대내외 정책의 변화. 中国内政外交政策的变化
76	001063/18-ig	알바니아-중국 관계. 阿尔巴尼亚-中国的关系
76	001065/3-ig	중국-미국 관계. 中美关系
77	001203	중국의 대내외 정책. 中国的内政外交政策
77	001375/3-ig	헝가리-중국 관계, 사회주의국가와 중국의 관계에 대한 루마니아의 의견. 匈牙利-中国的关系, 罗马尼亚就社会主义国家和中国的关系的意见
77	001568	아시아 회의에 대한 중국의 계획. 中国有关亚洲会议的计划
77	001675/8-ig	중국-인도의 관계. 中印关系
77	002378/11-ig	화궈펑의 동독 방문. 华国锋访问东德
77	002388/1-ig	리셴녠 중국 부총리의 방글라데시 방문. 中国副总理李先念访问孟加拉国

77	002470/3-ig	중국-이탈리아 관계. 中国-意大利关系
77	002646/27-ig	중국-일본의 평화조약 서명과 관련된 의견들. 有关中日签署和平条约的意见
77	002648/1-ig	1977년의 헝가리-중국 관계. 1977年匈牙利-中国的关系
77	002792	중국 발전소 사절단의 방문. 中国发电站使团访问
77	002816	베이징 헝가리 대사관의 의전사업체계. 北京匈牙利大使馆礼宾工作体系
77	003592	중국-인도네시아 관계. 中国-印度尼西亚的关系
77	003841	중국 부총리 꾸무의 덴마크 방문. 中国政府副总理谷牧访问丹麦
77	003850	중국-서독 관계. 中国-西德的关系
77	004077	중국-베네주엘라 관계. 中国-委内瑞拉的关系
77	004102	베이징의 헝가리 국경일 축하. 北京对匈牙利国庆日的祝贺
77	004103/2-ig	베이징의 헝가리 대사, 리반쓰끼(Ribánszki) 동지의 보고. 驻北京匈牙利大使Ribánszki同志的报告
77	004107	중국과 국제 마오주의(Maoism)운동의 관계. 中国和国际毛泽东主义运动的关系
77	004138	이란-중국의 관계; 황화 중국 외교부 부장의 테헤란 방문. 伊朗-中国的关系，中国外交部部长黄华访问德黑兰
77	004152/2-ig	파키스탄-중국 관계. 巴基斯坦-中国的关系
77	004296/1-ig	소련-중국 관계. 苏联-中国的关系

77	004431	중국-소련, 중국-베트남 관계에 관한 위찬 중국 외교부 부부장의 의견. 中国外交部副部长余湛就中苏、中越关系的意见
77	004490	중국 외교부 부장의 앙카라 방문. 中国外交部部长访问安卡拉
77	004539	중국과 비동맹 운동. 中国和非同盟运动
77	004671/17-ig	중국-유고슬라비아 관계; 화궈펑의 유고슬라비아 방문. 中国-南斯拉夫的关系, 华国锋访问南斯拉夫
77	004744/25-ig	화궈펑의 루마니아 방문. 华国锋访问罗马尼亚
77	004789	사회주의 국가들과 중국의 관계에 대한 루마니아의 의견. 罗马尼亚就社会主义国家与中国关系的意见
77	004822	화궈펑의 이집트 방문 가능성. 华国锋访问埃及的可能性
77	004825	중국으로부터 유럽경제공동체 국가들에 대한 반(反)베트남 경제 조치. 中国与欧洲经济共同体国家的反越南经济措施
77	004883	아랍 국가와 관계 발전을 희망하는 중국. 中国希望与阿拉伯国家发展关系
78	00065047/I-ig	황화 중국 외교부 부장의 이탈리아 방문, 이탈리아-중국 관계 발전. 中国外交部部长黄华访问意大利, 意大利-中国关系的发展
78	005108	중국과 팔레스타인 해방기구 관계. 中国和巴勒斯坦解放组织的关系
78	005182	중국 건국 제29주년. 中国建国29周年
78	005313	중국의 아프리카 정책에 관한 의견들. 中国有关非洲政策的意见

78	005359/1-ig	황화 외교부 부장의 그리스 방문. 外交部长黄华访问希腊
78	005470/1-ig	중국 부총리의 해외 방문. 中国副总理海外访问
78	005541/2-ig	황화 중국 외교부 부장의 영국 방문. 中国外交部部长黄华访问英国
78	005542	중국의 서방 관계에 대한 소련의 평가. 苏联对中国与西方关系的评价
78	005544	중국초청, 베이징 헝가리 대사관의 야유회. 受中国邀请驻北京匈牙利大使馆参加郊游
78	005672/3-ig	껑비이오중국 부총리의 가나 방문. 中国副总理耿飚访问加纳
78	005707/2-ig	조선 관련 일본-중국의 합의. 日本-中国有关朝鲜的协议
78	005753/4-ig	조선-중국 관계. 朝鲜-中国的关系
78	005784	중국-미국 관계와 일본과의 관계에 대한 위찬 외교부 부부장의 성명. 中国外交部副部长余湛就中美关系以及中日关系发表声明
78	005811	중국의 반(反)몽골 활동. 中国的反蒙古活动
78	005830	소련-중국의 친선 조약. 苏联-中国友好条约
78	005978	중국과 네팔 관계. 中国和尼泊尔的关系
78	005979	항구도시 다롄 방문에서 경험한 것들. 访问沿海城市大连的见闻
78	006010	중국과 아세안의 관계 추이. 中国和东盟关系变迁
78	006075	중국의 발칸정책에 관한 부카레스트의 알바니아 대사(의 의견).

		驻布加勒斯特阿尔巴尼亚大使就中国对巴尔干政策(的意见)
78	006146	왕쩐 중국 부총리의 영국 방문. 中国副总理王震访问英国
78	006189	덩샤오핑의 동남아시아 방문에 대한 쿠알라룸푸르(말레이시아)의 의견. 吉隆坡(马来西亚)就邓小平访问东南亚的意见
78	006224	버마-중국 일반관계. 缅甸-中国的一般关系
78	006258	서베를린에서 중국의 실재(實在). 中国在西柏林的存在
78	006286	베트남-중국 관계. 越南-中国的关系
78	006307	티엔긴펭(Tien Gin-fen)중국 참사관 인사차 방문. 中国参事官 Tien Gin-fen 介绍及访问
78	006324	중국 대사에 관해 경험한 것들. 有关中国大使的见闻
78	006455	덩샤오핑의 말레이시아 방문. 邓小平访问马来西亚
78	001064/8-ig	전국인민대표대회 소집을 앞둔 중국의 내부 상황. 全国人民代表大会召开在即的中国内部情况
78	001676	광저우에서의 변화. 广州的变化
78	002257/5-ig	유고슬라비아-중국의 당대 당 관계. 南斯拉夫-中国政党间的关系
78	002371/2-ig	제5차 전국인민대표대회. 中国全国人民代表大会第5次会议
78	002645/1-ig	중국의 신헌법으로부터 도출할 수 있는 정치적 추론. 从中国的新宪法中可以预测出的政治方面的推断
78	002974/2-ig	"5인방"에 대한 중국의 벽보. 中国有关"五人帮"的壁报

78	003227/1-ig	노동조합 파견단의 중국 초청. 邀请工会使团访问中国
78	004118	중국의 이데올로기 상황. 中国的意识形态情况
78	004191	전국인민대표대회 이후의 중국. 全国人民代表大会召开之后的中国
78	004191/1	전쟁과 평화의 문제에서 마오주의(Maoism)이론에 관한 분석. 毛主义理论(毛泽东思想)对战争与和平问题的分析
78	005270	복권(復權)과정의 몇 가지 문제점과 중국내정(內政)의 문제점. 恢复权利过程中的几个问题及中国的内政问题
78	005600	중국 지도부의 인적 구성의 변화. 中国领导班子人事变化
78	005980	중국 공산당과 국제 마오주의(Maoism)운동의 관계 추이. 中国共产党和国际毛主义运动的关系变迁
78	005981	중국 공산주의청년단 대회. 中国共产主义青年团大会
78	006285	터키-중국의 의회 관계. 土耳其-中国议会间的关系
78	004917/3-ig	베트남 국적 중국인에게 중국이 새로운 여행증명서 발급에 대한 사회주의 국가들의 항의. 社会主义国家对于中国向具有越南国籍的中国人签发新的旅行证件一事提出抗议
78	004677/2-ig	중국 국방부장 연설을 조선 언론이 언급. 朝鲜舆论涉及中国国防部长讲话的报道
78	005476	(중국의) 영국으로부터 항공기 구매. 中国向英国购买飞机
78	0038/1-ig	(헝가리)무역성(省) 파견단의 중국 방문. 对外贸易部使团访问中国

78	00984/1-ig	비(非)상업적 지불에 관한 불가리아-중국 회담. 保加利亚-中国就非商业支付进行会谈
78	002644/2-ig	중국의 대외경제관계. 中国的对外经济关系
78	002647/1-ig	중국경제의 몇 가지 문제점과 1978년 상반기의 (중국) 경제. 中国经济的几个问题和1978年上半年中国的经济
78	002683	중국의 세계경영과 전기에너지부 파견단의 방문. 中国的世界经营及省电能使团访问
78	003077	중국의 세계경영 및 전기에너지부 시장조사 파견단의 헝가리 방문. 中国的世界经营及电能部调查使团访问匈牙利
78	003604/1-ig	외교부가 주관한 중국 사절단의 파리 방문. 外交部为主的中国使团一行访问巴黎
78	003658	오스트리아-중국 관계. 奥地利-中国的关系
78	004104	중국방문한 기술-학술 협력단과 관련한 경험. 有访问中国的技术、学术协作团有关的见闻
78	004105	사회주의 국가들과 중국의 경제협력. 社会主义国家和中国的经济协作
78	004106	공장 방문 시 경험. 访问工厂见闻
78	004398/1-ig	외국에 요청한 중국의 지원에 관한 중국공산당 중앙 위원회의 결정. 中国共产党中央委员会对外国邀请中国支援事宜的决定
78	004432	베이징(헝가리) 상무관의 1977년 보고 요약. 北京(匈牙利)商务专员1977年报告概要
78	004582	라이프찌히 국제박람회에 중국 참가. 中国参加莱比锡国际博览会
78	004976	중국에 대한 소련의 소개. 苏联对中国的介绍

79	005221/6-ig	비(非)상업적 지불에 관한 회담들 /중국의 제안/ 有关非商业支付的会谈 /中国的提案/
79	005221/7,8	비(非)상업적 지불 체계 수정 관련 몽골-중국의 재무 회담. 蒙古-中国有关改正非商业支付体系的财务会谈
79	005225/9	비(非) 상업적 지불 문제에 관한 폴란드-중국 회담. 波兰-中国有关非商业支付问题的会谈
79	005221/10	비(非) 상업적 지불 문제에 대한 동독-중국 회담. 东德-中国有关非商业支付问题问题的会谈
79	005221/11	비(非) 상업적 지불 문제에 대한 체코슬로바키아-중국 회담. 捷克斯洛伐克-中国有关非商业支付问题的会谈
79	005221/12	몽골에 제공하는 중국의 차관(借款) 송금. 向蒙古提供的中国借款汇款
79	005221/13,14	비(非) 상업적 지불에 대한 동독-중국 회담. 东德-中国有关非商业支付的会谈
79	005221/15	비(非) 상업적 지불과 관련 중국의 조치에 대한 루마니아 입장. 罗马尼亚对中国的有关非商业支付措施的立场
79	005221/16	비(非) 상업적 지불을 주제로 한 폴란드-중국 회담. 波兰-中国有关非商业支付的会谈
79	005431/2-ig	헝가리-중국 기술-학술 협력위원회 제17차 회의 기록. 匈牙利-中国技术学术协作委员会第17次会议记录
79	005795	중국-미국 경제 관계. 中美经济关系
79	006528/3-ig	농업 파견단 수용에 대한 중국의 요청. 中国向匈牙利派遣农业使团要求其接待
79	00529/2-ig	헝가리-중국 박물관. 匈牙利-中国的博物馆
79	001062	지식인과 고등교육의 상황에 대한 칭화대학에서의 경험. 有关知识分子和高中教育情况在清华大学的见闻

79	001452/1-ig	장학생 교류에 대한 중국의 시도; 동독 견습생들의 베이징 방문. 中国尝试交换奖学金学生, 东德见习生访问北京
79	002660	전국학술회의를 통해 본 중국공산당의 지식인과 학술 정책. 通过全国学术会议看到的中国共产党知识分子及学术政策
79	003326	장학생 교류 개선에 대한 중국의 제안. 中国对于改善交换奖学金学生的提案
79	00883	중국 관련 정보. 中国相关信息
79	001061	사회주의 국가에 반대하는 경향의, 1977년 4/4 분기 중국의 선전. 反对社会主义国家的倾向, 1977年4/4季度中国的宣传
79	002276	근동의 회담과 베트남-캄보디아 갈등에 대한 논평을 다룬 중국의 공보. 中国公报有关近东会谈和越南-柬埔寨矛盾的评论
79	002643	중국 중앙 라디오국의 요청. 中共中央广播局邀请
79	002669	베이징 라디오의 몽골어 프로그램의 변화. 北京广播蒙古语节目的变化
79	003095	사회주의 국가들의 중국 (관련)출판물에 대한 소련의 의견. 苏联对社会主义国家有关中国出版物的意见
79	003956	첸치리우(Csen Csi-liu)중국 2등 서기관의 헝가리 통신사(MTI) 방문. 中国二级秘书Csen Csi-liu(？)访问匈牙利通讯公司(MTI)
79	004070	중국 대사관 활동. 中国大使馆的活动
79	004438/1-ig	베이징 라디오의 헝가리어 방송 프로그램에 대한 요약. 北京广播中有关匈牙利语节目的摘要

79	004706/2-ig	기자 초청에 대한 중국의 제안. 中国对于记者招待的提案
79	004795	신화사 특파원의 헝가리 통신사(MTI) 방문. 新华社特派员访问匈牙利通讯公司(MTI)
79	005271/1-ig	베이징 라디오의 헝가리어 방송에 관한 정보. 北京广播中有关匈牙利语广播的信息
79	006011	중국 대사관의 사진 전시판에 반(反)베트남 사진. 中国大使馆照片展板中的反越南照片
79	005110	몽골 거주 중국인에 대한 자료. 有关居住在蒙古的中国人的资料
79	00253/5-ig	베이징 헝가리 대사관의 주요 사업 평가. 驻北京匈牙利大使馆主要工作评价
79	00275	1978년 보고 준비. 1978年报告准备
79	002649/5-ig	베이징 헝가리 대사관 외교관원들의 당해 보고 요약. 驻北京匈牙利大使馆外交官员当年报告概要
79	005776	후싸르 플로리안(Huszár Flórián)의 업무 인수 계획. 接手Huszár Flórián业务的计划
79	003764/3-ig	베이징 대사관의 기밀문서 업무. 驻北京大使馆的机密文件
79	001060/9-ig	베이징발 기밀문서 특송 우편 요약 목록. 北京发出的机密文件特快专递摘要目录
79	00505/4-ig	베이징 도착 기밀문서 특송 우편 요약 목록. 发往北京的机密文件特快专递摘要目录

Box 번호	문서번호	제목
77	00311/1-ig	리셴녠 중국 부총리의 탄자니아 방문. 中国副总理李先念访问坦桑尼亚
77	00563/1-ig	중국과 캄보디아. 中国的柬埔寨
77	00859	중국 대내외 정책에 관한 요약, 헝가리-중국의 상호 관계에 대하여. 有关中国内政外交的摘要, 匈牙利-中国两国关系
77	00893	중국 대사관 1등 서기관과의 대화. 与中国大使馆1级秘书的对话
77	00986/8-ig	부총리 덩샤오핑의 미국 방문. 副总理邓小平访问美国
77	001096/1-ig	장관 회의에 선(先)보고,헝가리-중국 관계에 대한 헝가리사회주의노동자당 결정문. 有关部长会议的先前报告, 匈牙利社会主义劳动党有关匈牙利-中国关系的决议
77	001115/6-ig	중국-알바니아 관계. 中国-阿尔巴尼亚的关系
77	001116	티엔진펜(Tien Ginfen)중국 참사관과 새로운 대화. 与中国参赞Tien Ginfen(？)的新对话
77	001192/1-ig	리셴녠 중국 부총리의 모잠비크 방문. 中国副总理李先念访问莫桑比克
77	001208/2-ig	소련-중국 우호 협정. 苏联-中国友好协定
77	001314	중국과 서방 관계에 대한 캐나다 평가. 加拿大对中国-西方关系的评价

77	001462/1-ig	덩샤오핑의 도쿄 방문. 邓小平访问东京
77	001494	중국-미국 관계. 中美关系
77	001698/1-ig	소련 리셉션에 중국 참가. 中国参加苏联酒会
77	002001/1-ig	베이징 헝가리 대사관 행사의 체계화. 驻北京匈牙利大使馆活动系统化
77	002242	중국과 태국 관계 추이. 中国-泰国关系变迁
77	002243	중동 지역 국가들에서 중국의 이익 실현. 中国在中东地区国家中实现的利益
77	002250	중국의 아시아 정책과 방향. 中国的亚洲政策及方向
77	002252	비동맹 국가들에 대한 중국의 관계. 中国对非同盟国家的关系
77	002253	중국 외교 정책 활동의 목적과 관련된 발칸 지역. 作为中国外交政策活动目标之一的巴尔干地区
77	002254	중국과 아세안 관계. 中国和东盟的关系
77	002706	리우칭웬(Liu Csing-ven), 중국 3등 서기관의 방문. 中国三级秘书Liu Csing-ven(？)访问
77	002707/2-ig	조선-중국 관계. 朝鲜-中国关系
77	002744/9-ig	헝가리-중국 관계 소개. 匈牙利-中国关系的介绍
77	003228/2-ig	프랑스에 대한 중국의 의견. 中国有关法国的意见
77	003335/8-ig	이란-소련 관계. 위찬의 중국외교정책에 기울인 노력. 伊朗-苏联的关系, 余湛对中国外交政策倾注的心血

77	003527	겅삐아오 중국 부총리의 스웨덴 방문. 中国副主席耿飚访问瑞典
77	003614	중국 근동 정책의 몇 가지 관심사. 中国近东政策的几个关注点
77	003645	일본-쿠바 관계 악화에 대한 중국의 선동. 中国煽动日本-古巴关系恶化
77	003969	캉스인 중국 부총리의 브라질리아 방문. 中国副总理康世恩访问巴西利亚
77	004249/2-ig	1979년의 대사 보고. 1979年大使报告
77	004274	겅삐아오 부총리의 핀란드 방문. 副总理耿飚访问芬兰
77	004474/2-ig	중국 건국 30 주년. 中国建国30周年
77	004808/5-ig	화궈펑의 서독 방문. 华国锋访问西德
77	005308	중국과 사회주의 국가의 관계. 中国和社会主义国家间的关系
77	005338/2-ig	중국-베트남 관계에 대한 "백서"와 관련한 조선의 항의. 朝鲜对中国-越南关系白皮书的抗议
77	005413/2-ig	화궈펑 의장의 영국 방문 이전 영국-중국 관계, 방문 결과. 华国锋委员长访问英国之前英国-中国的关系, 访问结果
77	005416/2-ig	화궈펑 프랑스 방문에 대한 이탈리아 평가. 意大利对华国锋访问法国的评价
77	005551	신임 중국 대사와의 대화. 与新任中国大使的对话
77	005559/9-ig	화궈펑 서구 방문에 대한 베를링구에르(Berlinguer)의 평가. Berlinguer对华国锋访问西方的评价

77	005743/2-ig	중국 외교부 부장의 유고슬라비아 방문. 中国外交部部长访问南斯拉夫
77	006196	중국의 파괴적 활동에 대한 정보. 有关中国破坏性活动的情报
78	00520/9-ig	중국의 내정, 중국 공산당 제11차 대회의 상황. 中国的内政, 中国共产党第11次会议情况
78	00521	폴란드 대사에서 얻은 정보. 从波兰大使处得到的情报
78	002000	중국 지도부의 반(反)베트남 도발로 예상되는 결과. 中国领导层反越南中国挑衅而产生的结果
78	002244	쓰촨에서의 경험. 四川见闻
78	003615	안정을 원하는 베이징 지도자들의 경제정책 관련 부분과 그 문제점. 希望稳定的北京领导层的经济政策及问题
78	004135/2-ig	전국인민대회 제2차 회의. 지금까지 출판된 자료에 기초한 선(先)평가. 全国人民代表大会第2次会议, 以前对截至目前出版的资料的评价
78	005643	중국 공산당과 서유럽 공산당 관계. 中国共产党和西欧共产党的关系
78	005910	중국 공산당의 민족정책. 中国共产党的民族政策
78	006267	중국 공산당의 제12차 대회 소집. 中国共产党第12次会议召集
78	004392	중국에서 외국인 학생들의 모욕. 中国的外国学生受到的侮辱
78	004610/1-ig	베이징의 헝가리 무관 비서의 사고. 驻北京匈牙利武馆秘书事故
78	005705	중국이 내세우는 "4대 위험 지역"와 관련한 몽골의 입장. 蒙古对中国"四大威胁地区"论所持立场

78	0014/1-ig	델리, 다카, 랑군의 헝가리 대사관으로부터 정보 요청. 德里、达卡和仰光匈牙利大使馆处发出的信息邀请
78	003668	중국의 군축 제안. 中国的裁军提案
78	005271/1-ig	라오스-중국 국경에서의 긴장. 老挝-中国国境的紧张形势
78	005642	군사 문제에 대한 중국 국방부의 정보. 中国国防部有关军事问题的情报
78	005793	중국의 군 산업 발전과 이 문제에 관한 동독의 의견. 中国的军队产业发展-东德对此的意见
78	005819/2-ig	베트남에 반대하는 화궈펑의 새로운 공격에 관하여. 反对越南的华国锋的新攻击
78	00518/2-ig	중국의 발표에 따른 1978년 중국경제 성과 평가. 根据中国发布的内容对1978年中国经济成果的评价
78	00519/1-ig	자립 정책의 실패. 自主政策的失败
78	00542	비(非)상업적 지불 문제에 대한 소련-중국의 회담. 苏联-中国就非商业支付问题进行会谈
78	001350/2-ig	농업 파견단 수용에 대한 중국의 요청. 中国有关接收农业使团的邀请
78	001363/3-ig	우호적 대사관 직원들에게 중국을 주제로 한 소개. 向友好大使馆工作人员介绍中国
78	001502	중국-베네주엘라 관계. 中国-委内瑞拉的关系
78	002255	중국 지도부의 농업정책에 있어서 변화. 中国领导层农业政策的变化
78	002573	동독-중국의 기술-학술 협력. 东德-中国的技术、学术协作
78	003264	중국 대외무역부 부장의 이탈리아 방문. 中国贸易部长访问意大利

78	004377	베이징에 적용된 초과중량 초과 화물표 이용과 관련된 문제점. 北京适用的有关超重超货签使用相关问题
78	004737/2-ig	1970년대 중국의 대내외 정책 추이. 같은 시기 헝가리-중국 관계. 1970年代中国内政外交政策趋势, 同时期匈牙利中国的关系
78	004792/11-ig	헝가리 경제 지령 시스템에 대한 중국의 관심. 中国对匈牙利经济指令系统的关注
78	004885	중국-루마니아 경제 협력. 中国-罗马尼亚的经济协作
78	005111	구무 중국 부총리의 도쿄 방문. 中国副总理谷牧访问东京
78	005292	중국-캐나다 협력. 中国-加拿大合作
78	005378	베레쉬 삐떼르 무역상(相)에게 보내는 뿌여(Puja) 동지의 서신. /헝가리-중국 무역량 확대/ 寄给贸易部部长levele Veress的Puja同志的书信 /匈牙利-中国贸易量扩大/
78	005382	중국의 가격 인상. 中国国内价格上涨
78	005473	1979년 헝가리-중국의 국가 간 상품 교역량 회담. 1979年匈牙利-中国国家间有关商品交易量的会谈
78	005680	헝가리-중국의 경제 관계. 중국 외교부 관료들과의 대화. 匈牙利-中国的经济关系, 与中国外交部官员的对话
78	005908	건국30주년, 중국 경제 정책의 몇 가지 기본 문제. 建国30周年中国经济政策的几个基本问题
78	00812	유고슬라비아로부터 헝가리어 강사 파견에 대한 중국의 요청. 中国邀请南斯拉夫派遣匈牙利语语言老师

78	001725/1-ig	"유럽 경영 포럼"이 주최한 다보스에서 개최된 심포지엄에 중국 사절단(의 참석). 中国使团(参加)在达沃斯举行的"欧洲经营论坛"研讨会
78	004247/1-ig	쥴러이 요제프(Gyulai József)의 중국 방문. Gyulai József访问中国
78	00589	사회주의 국가들과 관련된 중국의 선전 활동. 中国有关社会主义国家的宣传活动
78	004264	중국 대사관의 벽 청소. 中国大使馆清理墙壁
78	004830	신화사의 헝가리 통신사(MTI) 방문. 新华社访问匈牙利通讯公司(MTI)
78	005909	불법 중국 라디오 방송국의 송출에 관해 베트남 대사로부터 받은 정보. 越南大使处得到的有关非法中国广播电视台广播的情报
78	002643/1-ig	몽골의 장기 거주 중국 국적인과 이들과 관련된 입장에 대한 정보와 자료. 长期居住在蒙古的中国国籍的人以及有关他们立场的信息和资料
78	0032/4-ig	베이징 대사관의 특송 우편 자료 평가. 北京大使馆特快专递资料评价
78	003935/1-ig	유하쓰 오또(Juhász Ottó) 동지의 보고. Juhász Ottó同志的报告
78	005130/1-ig	대사관 자료문건 발신-수신. 大使馆文件资料收发
78	003809	베이징 헝가리 대사관의 임대 문제들. 北京匈牙利大使馆租赁问题
78	00104/5-ig	베이징 도착 특송 우편 요약. 发往北京的特快专递清单
78	00517/7-ig	베이징 발 특송 우편 요약. 北京发送的特快专递

Box 번호	문서번호	제목
81	001094/2-ig	근동 지역과 관련한 중국의 활발한 활동. 中国方面有关近东地区的积极活动
81	001100/1-ig	중국의 유엔 활동의 몇 가지 새로운 특징. 中国在联合国活动的几个新特征
81	001106/1-ig	인도차이나에서 미국-중국의 조율된 조치들. 美国-中国在印度支那的措施
81	001701/1-ig	중국의 외교 정책; 중국-아랍 관계. 中国的外交政策, 中国-阿拉伯的关系
81	001824/1-ig	중국-서독의 관계. 中国-西德的关系
81	002249	팅시앙치(Ting Hsziang Csi)와의 대화. 与Ting Hsziang Csi(？)的对话
81	002280	아랍 국가들 사이에서 중국의 반소(反蘇) 정책. 中国在阿拉伯国家间的反苏政策
81	002713/3-ig	중국의 정치적 행동, 인도차이나 지역과 아세안 국가들의 관계 속에서 정책방향. 中国的政治活动, 中国的政策对中南半岛地区和东盟国家关系的影响
81	003402	중국과 바티칸 관계. 中国和梵蒂冈的关系
81	003504	중국-아르헨티나 관계. 中国-阿根廷的关系
81	003623	미국과 이란의 갈등과 관련한 중국의 행동. 中国有关美国和伊朗矛盾的行动

81	003635	티토(Tito) 사망 이후 중국과 유고슬라비아 관계. Tito死后中国和南斯拉夫的关系
81	003759/1-ig	중국과 동남아시아 관계에 있어서 화교의 역할. 中国少数民族在中国与东南亚关系变迁中的作用
81	003766	티베트-중국 대화. 西藏-中国的对话
81	004092	중국의 발칸정책과 불가리아-중국 관계. 中国在巴尔干的政策和保加利亚-中国的关系
81	004293	하바나 정상회담 이후 기간 비동맹 운동에 대한 중국의 정책. 哈瓦那领导人会谈之后中国有关非同盟运动的政策
81	004798	국제 사회에서 중국의 역할. /프랑스 외무장관과 예정된 회담 관련/ 中国在国际社会的作用 /与法国外务长官预约好的会谈/
81	005867	중국의 유럽 정책. 中国的欧洲政策
81	005944	제5차 전국인민대회 제3회의의 외교정책 관련 자료들. 第5届全国人民代表大会第3次会议有关外交政策的资料
81	005946/3-ig	최근 몇 달 동안의 중국-미국 관계 추이. 最近几月中美关系的变迁
81	006115	중국에 대한 소련의 소개. 苏联有关中国的介绍
81	006176	중국의 국제노동기구 방문. 中国访问国际劳工组织
81	006204	자본주의 국가들과 중국 관계에 대한 소련의 입장. 苏联就资本主义国家和中国的关系的立场
81	006295	중국 외교정책 통제에 대한 소문들. 有关中国外交政策监控的消息
81	006473	중국상황과 헝가리-중국 관계의 현안들. 中国的情况及匈牙利-中国关系的悬案

81	006668	미국 대통령 선거 결과에 대한 중국의 반응. 中国对美国总统选举结果的反应
81	006913	미국-폴란드 관계. 美国-波兰的关系
81	001096/1-ig	1979년도 중국과 사회주의 국가 관계의 추이. 1979年中国与社会主义国家关系变化发展
81	001397/4-ig	중국 지도부의 인적 구성의 변화 징후. 中国领导班子人事变化的征兆
81	002332	중국 외교관 활동에 대해. 有关中国外交官的活动
81	001794/5-ig	중국 1등 서기관의 인사 차 방문. 中国1等秘书的介绍及访问
81	002205	중국 대사관의 싱종시우(Xing Zhongxiu) 참사관의 인사 차 방문. 中国大使馆参赞邢忠修的介绍访问
81	004292	중국 외교부의 외교연구소 방문. 访问中国外交部外交研究所
81	004170	루마니아-중국의 경제 협력. 罗马尼亚-中国的经济协作
81	001167	화궈펑의 서유럽 순방에 대한 베이징의 외교관(의 의견). 北京外交官有关华国锋西欧巡访(的意见)
81	002360/4-ig	중국-일본의 관계. 화궈펑의 도쿄 방문 준비. 中日关系, 华国锋访问东京相关准备
81	004186	중국 부총리 리셴녠의 뉴질랜드 방문. 中国副总理李先念访问新西兰
81	004192	리셴녠 중국 부총리 방문과 오스트레일리아 선행 방문. 中国副总理李先念访问和先行访问澳大利亚
81	002520	중국 전국인민대표대회 사절단의 태국 방문. 中国人民代表大会使团访问泰国
81	001555	중국 외교부 부장의 파키스탄 회담. 中国外交部长巴基斯坦会谈

81	002823	중국 외교부 부부장의 비엔나 회담. 中国外交部副部长维亚纳会谈
81	003616	황화 중국 외교부 부장의 아프리카 방문. 中国外交部长黄华访问非洲
81	003823	중국 외교부 부장의 탄자니아 방문. 中国外交部长访问坦桑尼亚
81	004640	황화 중국 외교부 부장의 스톡홀름 방문에 대한 에케베르그(Eckeberg)의 소개. Eckeberg对中国外交部长黄华访问斯德哥尔摩的信息介绍
81	005762	중국 외교부 부장의 인도 방문 연기. 中国外交部长访问印度延期
81	004937	주 베이징 캄보디아 및 북예멘 대사관의 자료 보고. 驻北京柬埔寨及北也门大使馆的资料报告
81	005063	리반쓰끼 로베르뜨(Ribánszki Róbert) 주 베이징 헝가리 대사의 1980년 당해 보고 요약. 北京匈牙利大使Ribánszki Róbert1980年当年要点报告
81	005263/1-ig	뿌여 프리제쉬(Puja Frigyes) 동지의 서독 공식 방문 준비. Puja Frigyes同志正式访问西德准备工作
81	002305	"헝가리에 적대적인 중국의 노선과 정책"이라는 제목의 베트남 연구 계획의 세부 문제들. 以“中国与匈牙利敌对的路线及政策”为题的越南研究计划的具体问题
81	001102	출장 보고. 出差报告
81	004291	베이징의 내연 엔진 공장 방문. 访问北京的内燃机发动机工厂
81	004803	주 하노이 중국 대사관에서 발생한 1980년 6월 20일 습격사건에 대한 중국 측 설명. 中国方面对1980年6月20日驻河内中国大使馆中发生的袭击事件的说明

81	003260	주 티라나(알바니아의 수도) 중국과 조선 대사관의 활동 강화. 驻地拉那(阿尔巴尼亚首都)中国和朝鲜大使馆活动强化
81	003009	베이징의 4월 4일(헝가리 해방절)의 리셉션. 北京4月4日(匈牙利解放日)的酒会
81	005556	중국 국경일에 소련의 행사. 苏联在中国国庆日举行的活动
81	001085	중국의 활동가 회의에서 덩샤오핑의 연설. 邓小平在中国活动家会议讲话
81	001095	자료 보고. 报告资料
81	001097	자료 보고. 报告资料
81	001098/2-ig	중국 내정의 분석과 평가. 中国内政的分析和评价
81	001099/1-ig	신년 초 중국 지도부의 몇 가지 문제점. 新年初中国领导层的几个问题
81	004934	친선 국가 대사와 토론한 (중국) 내정 요약. 与友好国家的大使讨论的(中国)的内政要点
81	005401	제5차 전국인민대표대회 제3차 회의. 第五届全国人民代表大会第三次会议
81	005401/9-ig	제5차 전국인민대표대회 제3차 회의. 第五届全国人民代表大会第三次会议
81	006667	중국 대내외 정책의 몇 가지 현안. 中国内政外交政策的几个问题
81	001101/1-ig	국제공산주의와 노동운동과 관련된 중국의 활동에 나타난 몇 가지 새로운 특징. 中国有关国际共产主义及劳动运动活动的几个新特征
81	001864/4-ig	중국 공산당 제5차 중앙위원회 연석회의의 주제들. 中国共产党中央委员会第五次联席会议主题

81	003351	헝가리사회주의노동자당과 중국공산당의 관계에 대한 소문들. 有关匈牙利社会主义劳动党和中国共产党的关系的传闻
81	004719	중국 공산당 중앙위원회 제5차 전체회의에서 수용한 "당내 정치적 삶의 기준"이라는 제목의 문서 분석. 中国共产党中央委员会第五次全体会议中以"党内政治生活的标准"为题的文件分析
81	006276	중국 공산당 중앙위원회 연석회의에서의 마오쩌둥 활동 평가. 对毛泽东在中国共产党中央委员会联席会议活动中的评价
81	006420	국제노동운동 복귀를 위한 중국의 노력. 카릴로(Carillo)의 중국 방문. 中国为了重返国际劳动运动所做的努力, Carillo访问中国
81	006459/1-ig	중국 공산당 제12차 대회의 지연. 中国共产党第12次会议延期
81	007095	중국 공산당 상황. 中国共产党的情况
81	001104	중국 노동조합운동 상황과 국제관계. 中国工会运动的情况及国际关系
81	002714	중국 외교 정책에서 종교와 종교 단체 이용에 대한 초보적 조치들. 中国外交政策中对于利用宗教和宗教团体的初步措施
81	005657	달라이 라마(dalai láma)의 귀국 관련 중국의 활동. 中国有关达赖喇嘛回国的活动
82	006253	"4인방" 재판에 대한 중국의 의견. 中国对再审"四人帮"的意见
82	006277	폭발 암살범들에 대한 외교 기관의 의견. 外交团体对爆炸暗杀的意见
82	006658/1	중국의 "10인방" 재판에 대한 선(先) 평가. 中国对"十人帮"再审的评价

82	001180	중국-네팔의 국경 합의. 中国-尼泊尔边境协议
82	005111	베트남 국경에서 중국의 도발. 中国在越南边境的挑衅
82	005139	사회주의 국가로의 중국인의 "망명권" 시도. /소련, 체코슬로바키아/ 中国人向社会主义国家的"流亡权"试探 /苏联、捷克斯洛伐克/
82	004296	류사오치 사후복권 관련 최근 사건들과 복권의 모순과 예상되는 결과. 刘少奇逝世后有关恢复权利的事件及恢复权利的矛盾和猜测结果
82	002561	샤오크(Xiao Ke) 중국 국방부 부부장의 파키스탄 방문. 中国国防部副部长肖克访问巴基斯坦
82	00361	중국과 조선 관련 00361/1980, 001223/1/1980번 자료가 사라진 배경과 그 자료들의 원래 내용. 与中国及朝鲜有关的00361/1980,001223/1/1980号文件消失背景及原内容
82	001103	중국 경제 성장에 대한 소련의 분석. 苏联对中国经济发展的分析
82	001105	1979년의 경제성과에 대한 중국의 여론. 1979年中国有关经济成果的舆论报道
82	002716	1979년 중국경제 발전에 대한 보고 요약와 1980년대에 대한 전망. 中国1979年经济成长的报告概要及对1980年的展望
82	002718	중국과 사회주의 국가 관계에 대한 자료 보고. 有关中国和社会主义国家间关系的报告资料
82	004295/2	중국 지도부의 경제정책 구상. 中国领导层经济政策构想
82	005278	동독과 체코슬로바키아 대상으로 한 중국의 시도. 中国对东德和捷克斯洛伐克的试探

82	005943	중국의 합작회사들.
		中国的合作公司
82	005947	중국 경제상황에 대한 전국인민대표대회의 토론.
		全国人民代表大会有关中国经济情况的讨论
82	005966	중국-미국 경제 협력.
		中美经济合作
82	006007	중국과 석유수출국기구(OPEC) 회원국의 협력.
		中国和石油输出国组织(OPEC)会员国间的合作
82	006423	중국 관련 경제 협력에 대한 자문.
		有关中国经济合作的咨询
82	006558	사회주의 국가와 중국의 경제 관계.
		社会主义国家与中国的经济关系
82	001554/1-ig	중국 경제학자들의 헝가리 방문. 방문 이후 미국의 관심.
		中国经济学者访问匈牙利, 以及访问后美国的关注
82	003646/4-ig	헝가리-중국 관계와 관련된 중국의 시도들.
		中国对匈牙利-中国关系的试探
82	004288/1-ig	1980년도 헝가리-중국 물품교환 회담의 몇 가지 정치적 함수.
		1980年匈牙利-中国物品交换会谈的几个政治数值
82	004942/2-ig	펑위지우 중국 대사의 7월 4일 방문.
		中国大使冯于九7月4日访问
82	006303	헝가리-중국 물품교환 추이에 관한 소개.
		有关匈牙利-中国物品交换发展变化的介绍
82	005465	중국과 세계은행의 3년 기간의 재정 협력.
		中国和世界银行3年财务协作
82	006670	중국의 외국 차관 도입에 관해.
		中国的外资引进
82	005815	헝가리 산 기구(器具) 건과 관련한 중국의 항의.
		中国对匈牙利产装备的抗议
82	002717	중국과 미국의 기술-학술 관계.
		中国和美国的技术、学术关系

82	002712	헝가리 농업에 관련 중국 출판물들에 대한 간단한 평가. 中国出版物中有关匈牙利农业的简评
82	006671	중국농업. 中国农业
82	002235/1-ig	중국-루마니아 무역 관계. 中国-罗马尼亚的贸易关系
82	004754	중국-소련의 교역협정. 中国-苏联的交易协议
82	006896	보르허 졸딴(Borha Zoltán) 동지와 왕푸투(Wang-Futu) 중국 문화 참사관의 대화. Borha Zoltán同志和中国文化参赞Wang-Futu的谈话
82	002715	활발한 중국 학술계. 活跃的中国学术界
82	006941	헝가리-중국의 학술원 간 관계 문제. 匈牙利-中国学术院的关系问题
82	006672	중국 인민문학출판사 방문. 도서 출판 협력에 대한 중국의 제안. 中国人民文学出版社访问, 中国对图书出版协作的提案
82	002775	국경일에 중국 텔레비전에서 헝가리 영화 소개. 国庆日当天中国电视对匈牙利电影的介绍
82	006849	중국과 사회주의 국가의 스포츠 관계. 中国和社会主义国家的体育关系
82	004000	중국 외교정책에 관한 프라우다의 1980년 5월 26일 기사. 《真理报》1980年5月26日对中国的外交政策的报道
82	004936	중국 텔레비전(방송국)의 활동. 중국 대중매체에서 텔레비전의 위상. 中国广播电视局的活动, 中国大众媒体中电视媒体的位置
82	005113	바르샤바의 인터키트(Interkit) 제안들과 불가리아의 실천. 华沙Interkit提案和保加利亚的实践
82	005333/5-ig	인민일보 베오그라드 특파원의 입국 의도. 人民日报贝尔格莱德特派员尝试入境

82	006886	사회주의 국가들과 특파원 교환에 대한 중국의 제안. 中国就与社会主义国家间互派特派员的提议
82	002974	1980년 1/4분기 베이징 라디오의 헝가리어 방송들. 1980年第一季度北京广播的匈牙利语节目
82	003010	베레쯔(Berecz) 동지의 TV 성명에 대한 중국의 반응. 中国对Berecz同志的电视声明的反应
82	006556	영사 보고. 领事报告
82	001556/1-ig	베이징 헝가리 대사관의 임대 문제. 驻北京匈牙利大使馆租赁问题
82	004289	당해 사업에 대한 미싸로쉬 주저(Mészáros Zsuzsa) 박사의 보고 요약. Mészáros Zsuzsa博士该年工作的报告摘要
82	004290/1-ig	3등 서기관 미싸로쉬 샨도르(Mészáros Sándor) 박사의 당해 사업에 대한 보고 요약. 三级秘书Mészáros Sándor博士该年工作报告摘要
82	004858/1-ig	대사관 자료에 대해 제작한 목록 보고. 制作的有关大使馆资料的目录报告
82	00377	중국의 문의에 대해 외교 공관으로 발송할 차관보의 훈령. 就中国咨询的问题向外交公馆发送的次官助理的训令
82	00288/5-ig	부다페스트에서 봉인한 기밀문서 특송 우편 자료들. 布达佩斯封存的特快专递机密文件资料
82	001093/5-ig	베이징에서 봉인한 기밀문서 특송 우편 자료들. 北京封存的特快专递机密文件资料
82	002208/2-ig	베이징 대사관의 특송 우편 자료 평가. /1979년 11월, 12월, 1980년 1월/ 北京大使馆的特快专递资料评价 /1979年11月，12月，1980 年1月/

Box 번호	문서번호	제목
82	003312	중국 외교 정책에서 구조적 변화. 中国外交政策的结构性变化
82	001635/1-ig	몽골-중국의 관계와 연관이 있는 중국의 시도. 中国对蒙古-中国的关系的试探
82	002268/7-ig	중국-소련의 관계. 中苏关系
82	005786	소련에 대한 중국의 (외교)각서. 中国有关苏联的(外交)备忘录
82	006002	중국에 관한 원탁회의. 有关中国的圆桌会议
82	00353	중국-영국의 관계. 中英关系
82	00809	중국-네덜란드의 관계. 中国-荷兰的关系
82	00835	중국-서유럽의 관계 추이. 中国-西欧关系变迁
82	00847/8-ig	중국-미국 관계에 대한 미국의 의견. 美国就中美关系的意见
82	001792/2-ig	일본-중국의 경제 관계. 日本-中国的经济关系
82	001984	중국-그리스의 관계. 중국 전국인민대표대회 파견단의 그리스 방문. 中国-希腊的关系, 中全人民代表大代表希
82	002583/1-ig	라틴 아메리카에서 중국의 활발한 활동. 쿠바의 정보. 中国在拉丁美洲的积极活动, 古巴的信息

82	002751/1-ig	중국-미국의 관계. 포드(Ford)의 베이징 방문에 관한 정보들. 中美关系, Ford访问北京的信息
82	003335	중국 부총리의 스페인 방문. 中国副总理访问西班牙
82	003777	중국에 대한 일본의 투자연기(延期)와 지연. 日本对中国投资延期和延迟
82	006426	제2차 중국-일본 지도자 회의. 第2次中日领导会议
82	006538	중국-덴마크의 관계. 中国-丹麦的关系
82	001709/3-ig	중국의 인도차이나 정책에 대하여. 中国有关中南半岛地区政策
82	001716/1-ig	중국-버마의 관계. 中国-缅甸的关系
82	002207	미국-중국의 반(反) 캄보디아 협력. 美国-中国的反柬埔寨合作
82	002555	모임 자료 보고. 聚会资料报告
82	002674	중국-탄자니아와 중국-미국 관계. 中国-坦桑尼亚和中美关系
82	003689	중국과 아시아 국가의 관계. 中国和亚洲国家间的关系
82	003773	중국 아프리카 정책의 현재 특징들. 中国非洲政策的现在特征
82	003774/2-ig	중국 동남아시아 정책의 현안들. 中国东南亚政策当前的问题
82	005883	자오쯔양의 아세안 4개 회원국 방문. 赵紫阳访问亚洲四个会员国
82	007192	자오쯔양의 멕시코 방문. 赵紫阳访问墨西哥

82	001499	화궈펑의 불참에 관한 중국의 공식성명. 中国对华国锋不参加的公开声明
82	005595/1-ig	차이팡바이(Cai Fangbai)와 대화. 与Cai Fangbai的对话
82	005666/1-ig	중국의 문제점들에 대해 소련 외교관과 대화. 与苏联外交官就中国问题的对话
82	007325	중국 대사의 인사 차 방문. 中国大使介绍访问
82	007344	신임 중국 대사의 인사 차 방문. 新任中国大使介绍访问
82	006214/5-ig	타이완 문제에 대한 중국의 제안. 中国对台湾问题的提案
82	004199/3-ig	중국 총리의 파키스탄 방문. 中国领导人访问巴基斯坦
82	004521/2-ig	중국 외교부 부장의 1981년 인도 방문. 中国外交部部长1981年访问印度
82	006953	중국 부총리의 나이지리아 방문. 中国副总理访问尼日利亚
82	007314	황화 중국 외교부 부장의 가나 방문. 中国外交部部长黄华访问加纳
82	00300/6-ig	중국 상황과 헝가리-중국의 관계에 대한 중국 외교관 (의 의견). 中国情况和中国外交官对匈牙利-中国的关系的意见
82	00498/3-ig	헝가리-중국 관계와 관련된 중국의 시도에 대한 비판 제안. 批判中国对匈牙利-中国关系试探的提案
82	005130	1981년 당해 대사 보고. 1981年当年大使报告
82	005882	헝가리와 중국의 관계. /중국 외교부 국장 대리와 대화/ 匈牙利-中国的关系 /与中国外交部副部长的对话/

82	004398	중국 대사의 죄르-쇼프론 주(Győr-Sopron州) 방문. 中国大使访问Győr-Sopron州
82	007187	대사의 합의 자료 보고. 大使合作资料报告
82	004072	쑹칭링 사망에 대한 헝가리의 조의 표의. 匈牙利对宋庆龄逝世表示哀悼
82	004280	중국 공산당 창당 60주년 계기 소련의 기념 행사. 中国共产党60周年之际苏联的纪念活动
82	00837/6-ig	몰나르 샨도르(Molnár Sándor) 박사 부부의 지방 여행 출장 보고. Molnár Sándor博士
82	007189	1981년의 외교 단체 야유회. 1981年外交团体郊游
82	005394	임대지 보수공사 건으로 중국 임시대리공사의 방문. 中国临时代理公使因出租地维修工程事件访问
83	005402	신화사 특파원의 사진촬영 건. 新华社特派员摄影事件
83	002145/13-ig	중국의 내정상황에 관하여. 中国的内政情况
83	007186/1-ig	중국의 헌법수정에 관하여. 中国宪法修订
83	0045/8-ig	중국 원로 지도자들의 상황. /예젠잉, 천윈, 그리고 화궈펑/ 中国老一辈领导人的情况 /叶剑英、陈云、华国锋/
83	001658/3-ig	중국 대내외 정책의 몇 가지 문제점. 中国内政外交政策的几个问题
83	002206/9-ig	중국 지도부 상황. 中国领导层情况
83	002364	중국의 인적 구성 변화. /3월 6일에 끝난 전국인민대표대회 평가/ 中国的人事变化 /3月6日结束的全国人民代表大会会议评价/

83	005625	중국의 정부 개편. 中国政府改组
83	007234	1981년 12월의 중국 인민대표대회 개회. 1981年12月中国人民代表大会召开
83	00305	중국 경제에 대한 공산당 포럼의 논쟁. 共产党召开论坛讨论中国经济
83	001383	중국과 동남아시아 공산당의 관계. 中国和东南亚共产党的关系
83	003210	중국 공산당 중앙위원회 제6중전회. 中国共产党中央委员会六中全会
83	003508	중국 공산당 상황. 中国共产党的情况
83	003776/1-ig	중국 공산당 중앙위원회의 12월 업무회의에서 덩샤오핑의 연설. 邓小平在中国共产党中央委员会12月工作会议中的讲话
83	003780	사회주의 이론과 실제에 대한 공개 비판. 对社会主义理论和实际的公开批评
83	004852	중국 공산당 중앙위원회 제6중전회에서의 "건국 이후 당(黨) 역사의 몇 가지 의문에 대한 결정"이라는 제목의 자료에 대한 간단한 평가. 中国共产党中央委员会六中全会中对"关于建国以来党的若干历史问题的决议"一文的简短评价
83	004853	"중국 공산당 창당 60주년 전야제"라는 제목의 자료 보고. 以"中国共产党60周年前夕"为题的报告资料
83	005361	중국 공산당 중앙위원회 사절단의 동독 방문. 中国共产党中央委员会使团访问东德
83	005884	중앙위원회 제6중전회 이후 중국 공산당의 활동. 中央委员会六中全会后中国共产党的活动
83	007188	제6중전회와 중국의 외교 정책. 六中全会和中国的外交政策

83	007193	중국의 내부 기밀 자료 보고. 中国内部机密资料报告
83	00834	중국 공산당의 새로운 조직 규정. 中国共产党新的组织规定
83	002007	중국 공산당과 인도 공산당의 관계. 中国共产党和印度共产党的关系
83	003890/2-ig	중국 공산당 중앙위원회 제6중전회의 개최에 관한 추측. 中国共产党中央委员会六中全会召开有关的推测
83	006050	중국 공산당 제12차 회의 준비. 中国共产党第12次会议准备工作
83	001286	노동조합의 관계복원에 대해 예상되는 중국의 시도. 中国对恢复工会关系的试探的试探
83	004835	중국 주민들 사이에서 진행되는 선전 사업. 在中国民众间的宣传工作
83	00836/1-ig	"린뱌오-장칭 집단" 10인을 법정에 세움. "林彪-江青集团" 10人法庭受审
83	007116/1-ig	중국-인도의 국경 회담. 中国-印度国境谈判
83	006681	중국 고위급 군인 파견단의 포르투갈 방문. 中国高级军官派遣团访问葡萄牙
83	00244/2-ig	중국의 경제 개편. 中国经济改组
83	00832/2-ig	중국의 학술, 기술 관계 행사들과 몇 가지 참조. 中国学术、技术关系活动的几个参考
83	00833/3-ig	중국의 경제정책. 中国的经济政策
83	001931/3-ig	중국 경제의 어려운 점들. 中国经济的难点
83	002354/2-ig	중국-루마니아의 경제 관계. 中国-罗马尼亚的经济关系

83	002558/1-ig	1980년 중국의 경제 추이. 1980年中国经济发展变化
83	003029	소련 경제개혁 시도에 대한 중국의 학습. 中国学习苏联经济改革尝试
83	002566/1-ig	중국과 사회주의 국가의 무역 관계. 중국에 대한 경고성 제재 적용 제안. 中国和社会主义国家的贸易关系，对中国警告性制裁适用问题的提案
83	003121	중국-불가리아 무역 합의. 中国-保加利亚的贸易协议
83	002770	중국-일본의 보상회의. 中国-日本的补偿会议
83	002973/1-ig	중국와 자본주의 국가의 경제 관계. 中国和资本主义国家间的经济关系
83	003385	중국-캐나다 경제 관계에 대하여. 中国-加拿大的经济关系
83	006638	에티오피아에서 중국의 지원 프로그램. 中国对埃塞俄比亚的支援项目
83	001089/1-ig	베이징 주재 헝가리 대사의 남(南)중국 출장에서 경제 관련 경험. 驻京匈牙利大使去中国南方出差经历见闻
83	007367	헝가리 경제학자들의 방문에 대한 중국의 관심. 中国对匈牙利经济学者访问的关注
83	003520	무역성(省) 부상(副相)의 중국 관련 임시 합의에 대한 제안. 对外贸易部负责人对与中国相关的临时协议的提案
83	003781/2-ig	중국 경제에 관해 준비한 국제통화기금(IMF)의 비공식 보고. 国际货币基金组织(IMF)准备的有关中国经济的非公开报告

84	006094/2-ig	가보르 언드라쉬 차관에게 중국을 주제로 한 소개 자료 송부. 把有关中国的资料寄给Gábor András
84	007113	중국의 산업에 대한 유엔공업발전기구(UNIDO)의 연구. 联合国工业发展组织(UNIDO)有关中国产业的研究
84	007191	중국의 에너지 상황에 대하여. 中国能源状况
84	00921/7-ig, 005400/3-ig/80	헝가리-중국 기술 학술 협력위원회 제20차 회의. 匈牙利-中国技术、学术协作委员会第20次会议
84	007190	중국의 농업에 대한 보고. 有关中国农业的报告
84	001088/3-ig	중국과 관련된 평가에 대한 소련 외교관의 안내. 苏联外交官对与中国关系评价的介绍
84	003775J2-ig	상무관 자료 보고. 商务官员资料报告
84	002865	홍수와 가뭄 피해를 입은 지역에 대한 중국의 지원 요청. 中国有关受干旱洪水灾害地区支援的请求
84	002713	중국 문화 생활의 "열악한" 상향. 中国文化生活"低劣"倾向
84	004702/3-ig	사전 교정 작업에 중국 외교관의 방문. 中国外交官就事前校正工作进行访问
84	006110	헝가리 생물학자 파견단의 중국 방문. 匈牙利生物学者使团访问中国
84	003778/1-ig	중국 지도자들의 문학과 예술 정책에 있어 문제점. "쓰디 쓴 사랑"이라는 제목의 영화에 대한 비판. 中国领导人文学艺术政策的问题，批判题目为"痛苦的爱情"的电影
84	005396	헝가리 언론에서 중국의 작가 루쉰 탄생 100주년 기념. 匈牙利舆论中有关中国作家鲁迅诞辰100周年的纪念

84	001132	헝가리와 스포츠 관계 정상화를 위한 중국 조치. 中国有关与匈牙利体育关系正常化的措施
84	00831/1-ig	1980년 하반기 중국 언론의 헝가리 언급 자료들. 1980年下半年中国舆论中有关匈牙利的报道资料
84	002556	저우언라이 선집 제1권에 관하여. 周恩来选集第一卷
84	005104	헝가리 관련 중국의 출판물들. 中国有关匈牙利的出版物
84	001869	시청각 선전(宣傳)의 상황. 视听材料宣传情况
84	003782	헝가리 경제에 관한 기사들. 有关匈牙利经济的报道
84	003967	헝가리 통신사(MTI)의 신임 베이징 특파원. 匈牙利通讯公司(MTI)新任北京特派员
84	005316	베이징의 헝가리 대사관에서 언론 및 선전 과업. 驻北京匈牙利大使馆的舆论及宣传工作
84	006061	신화사 소속 인원의 헝가리 거주. 新华社工作人员在匈牙利居住
84	006647	신화사 상주(常駐) 특파원의 방문. 新华社常驻特派员访问
84	003303/1-ig	바르너이(Várnai) 동지의 중국 방문 제안. Várnai同志访问中国提案
84	00149/1-ig	부다페스트에 관한 중국 라디오 프로그램 계획. 有关布达佩斯中国广播节目的计划
84	003783	중국 라디오 방송국 방문. 中国广播电视局访问
84	001858	4월 4일(헝가리 해방절)을 맞아 중국의 (영화)필름 요청 가능성. 为了迎接4月4日(匈牙利解放日)邀请中国(电影)制片的可行性

84	00640	베이징 헝가리 대사관의 영사 보고. 驻北京匈牙利大使馆领事报告
84	002557	1981년 4월 14일 지도자 회의 자료에 대한 제안. 有关1981年4月14日领导人会议资料的提议
84	004277/1-ig	헝가리와 중국 관계의 상호 (연동되는) 계획. 匈牙利与中国关系的相互(联动)计划
84	002085	대사관과 상무관의 협력. 大使馆与商务专员的合作
84	002170/2-ig	베이징 대사관의 특송 우편 자료 평가. 北京大使馆特快专递资料评价
84	003779	블라우만 페렌쯔(Blaumann Ferencc) 1등 서기관의 보고 요약. 一级秘书Blaumann Ferencc报告摘要
84	003784	미싸로쉬 주저(Mészáros Zsuzsa)여성 박사 동지의 당해 사업에 관한 보고 요약. 女性博士Mészáros Zsuzsa同志当年工作报告概要
84	003786	미싸로쉬 샨도르(Mészáros Sándor)박사 동지의 당해 사업에 관한 보고 요약. 博士Mészáros Sándor同志该年工作报告概要
84	003787	1980년도 몰나르 샨도르(Molnár Sándor) 박사의 보고 요약. Molnár Sándor博士1980年报告概要
84	004854	후싸르 플로리안(Huszár Flórián)동지의 당해 사업 보고. Huszár Flórián同志当年工作报告
84	005075	대사관 서류의 수령-발송 목록. 大使馆资料收取-发送目录
84	007013/1-ig	파기(문서)목록. 销毁(文件)目录
84	00830/6-ig	베이징에서 봉인한 기밀서류 특송 우편 자료. 北京封存的特快专递机密文件资料
84	002184/5-ig	부다페스트에서 봉인한 기밀서류 특송 우편 자료. 布达佩斯封存的特快专递机密文件资料

Box 번호	문서번호	제목
76	001454/7-ig	1981년도 중국 외교정책의 추이. 1981年中国外交政策的发展变化
76	002503/8-ig	타이완 문제에 대한 중국의 자료. 中国有关台湾问题的资料
76	004944/1-ig	대내외 정책 문제에 대한 중국 외교부 부부장(의 의견). 中国外交部副部长对内政外交政策问题(的意见)
76	005061	헝가리가 의장을 맡고 있는 유엔총회에 대한 중국의 준비. 中国有关联合国大会(匈牙利议长)的准备工作
76	005819/1-ig	대내외 정책 문제에 대한 중국의 공개인물. 中国有关内政外交政策问题的相关官员
76	005880	중국-말레이시아의 관계. 中国-马来西亚的关系
76	006644/1-ig	중국의 인도차이나 활동에 대한 베트남의 의견. 越南对中国在中南半岛活动地区的意见
76	0024/18-ig	중국-소련의 관계. 中国-苏联的关系
76	001074/5-ig	체코슬로바키아-중국의 관계. 捷克斯洛伐克-中国的关系
76	001239	"중국 지도자들이 사회주의 국가들을 차별화하고자 하는 몇 가지 새로운 현상"이라는 제목의 자료 보고. "中国领导人差别化对待社会主义国家的几个新现象"为题的资料报告
76	001466/6-ig	중국-동독의 관계. 中国-东德的关系

76	001902	중국의 사회주의 국가 상대 외교 정책의 새로운 특징에 대한 소련의 소개. 苏联有关中国与社会主义国家的外交政策新特征的介绍
76	002188/1-ig	중국-소련과 중국-미국 관계 추이에 대한 소련의 의견. 苏联对中国-苏联关系和中国-美国关系发展变化的意见
76	002318	중국-루마니아의 관계. 中国-罗马尼亚的关系
76	002954	중국-폴란드의 관계. 中国-波兰的关系
76	004774	중국과의 관계에 대한 소련 공산당 책임자(의 의견). 苏联共产党负责人有关与中国关系(的意见)
76	005346/1-ig	소련-중국의 외교 차관(次官) 협의. 苏联-中国外交部副部长协议
76	005765/7-ig	베이징에서 중국-소련의 협의. /1982년 10월/ 中国-苏联在北京达成协议 /1982年10月/
76	006530	중국 외교부 부장의 면책에 대한 소련 대사(의 의견). 苏联大使对中国外交部长免责(的意见)
76	006693	"사회주의 국가들과 중국 관계에서 작은 조치들의 문제"라는 제목의 자료 보고. 题目为"社会主义国家与中国关系举措的问题"的资料报告
76	001230/1-ig	중국-영국의 관계. 애킨스(Atkins)의 베이징 방문. 中国-英国的关系, Atkins访问北京
76	001234/1-ig	중국-인도의 제1차 회담. 中国-印度第1次会谈
76	002097/5-ig	중국-미국 관계에 대한 중국군 지도자들(의 의견). 中国军队领导人就中美关系(的意见)
76	002875/3-ig	중국-프랑스의 관계. 中国-法国的关系
76	005045/1-ig	중국-일본의 관계. 中日关系

77	005752	중국-서독의 관계. 中国-西德的关系
77	001220	중국-영국의 외교 관계 수립 시도. 中国-英国尝试建立外交关系
77	001220/4-ig	중국-미국 관계에서 타이완에 의도한 무기 판매 문제. 中美关系中的台湾武器销售问题
77	001235/1-ig	중국과 아프리카 국가의 관계. 中国和非洲国家间的关系
77	003533	중국-콩고의 관계. 中国-刚果的关系
77	003667/1-ig	중국과 버마의 관계. 中国和缅甸的关系
77	003668	중국과 필리핀의 관계. 中国和菲律宾的关系
77	006484	캄보디아 문제에 대한 중국의 태도. 中国对柬埔寨问题的态度
77	006670/1-ig	중국 총리의 아프리카 방문. 中国总理访问非洲
77	002999	체치리우(Cseh Csi-liu) 중국 1등 서기관의 이임 방문. 中国一级秘书Cseh Csi-liu离任访问
77	004075	베이징 헝가리 대사의 신임 외교부 부부장 방문. 新任驻北京匈牙利大使访问外交部副部长
77	006842/1-ig	펑요우지우 중국 대사의 이임방문 계기 로숀치(Losonczi) 동지에게 의제 제안. 中国大使冯于九离任访问之际向Losonczi同志提交的议题提案
77	006985	중국 대사의 이임 방문. 中国大使离任访问
77	00995	자오쯔양 총리를 단장으로 한 당과 정부사절단의 조선 방문과 중국-조선의 관계. 以赵紫阳总理为团长的共产党及政府使团访问朝鲜及中朝关系

77	002803	중국 부총리의 파키스탄 방문 평가. 中国副总理访问巴基斯坦评价
77	00768/1-ig	안내 제공에 대한 중국의 요청. 中国要求提供介绍
77	001904	헝가리-중국 관계에 대한 안내. 匈牙利-中国关系介绍
77	005624/1-ig	중앙위원회 보고에 대한 베이징 헝가리 대사관의 인지. 驻北京匈牙利大使馆对中央委员会报告的认识
77	004380	비반쓰끼 로베르프(Ribánszki Róbert) 대사의 보고 요약. Ribánszki Róbert大使报告概要
77	00557/9-ig	헝가리-중국 관계의 각 분야 별 계속된 개선에 대한 제안. 匈牙利-中国各方面关系持续改善的提议
77	00725	제네바에 위치한 국제 단체들에서 1981년 중국의 활동. 1981年中国在位于日内瓦的国际团体中的活动
77	001224/4-ig	출장 보고. 出差报告
77	001903/2-ig	중국의 대내외 정책에 관한 소개. 中国内政外交政策介绍
77	003746	중국의 공식 단체들과 인물들에 대한 관계. 中国正式团体和人物的关系
77	005034	중국 대사관 1등 서기관의 헝가리 외교관을 내빈으로 맞음. 中国大使馆一级秘书迎接匈牙利外交官
77	006374	관할 중국 외교부 부부장에 대한 베이징 헝가리 대사관의 오찬. 驻北京匈牙利大使馆邀请中国外交部副部长共进晚餐
77	006764	펑요우지우 중국 대사의 활동에 관한 안내. 中国大使冯于九活动的介绍

77	0039/3-ig	헝가리-중국 관계에 대해, 중국 외교정책에 대한 중국 외교관(의 의견). 匈牙利-中国关系, 中国外交官对中国外交政策(的意见)
77	003557/1-ig	우일러끼(Ujlaki) 동지와 중국 외교관의 대화. Ujlaki同志和中国外交官的谈话
77	004300/1-ig	부다페스트 중국 대사의 하지(Házi) 동지 방문. 中国驻布达佩斯大使访问Házi同志
77	002808/1-ig	베네데끄 떠마쉬(Benedek Tamás) 상무관 비서에 대한 방해와 이에 관련된 조치에 관한 보고. 对商务专员秘书Benedek Tamás的妨碍及相关措施的报告
77	004802/2-ig	뀌흐뜨레이베르(Kühtreiber) 동지의 사고. Kühtreiber同志事故
77	006690	중국 외교부 주최 10월 9일-14일간 진행된 외교단체 야유회에서 경험한 몇 가지 것. 10月9日-14日期间中国外交部举办的外交团体郊游见闻
77	005209	1982년 중국 국경절에 대한 기념 행사 제안 有关1982年中国国庆日纪念活动的提案
77	005586	중국 국경절에 대한 소련의 행사. 苏联在中国国庆日举行的活动
77	006831	국가개황. 国家概况
77	002039/6-ig	중국의 내정상황. 中国内政情况
77	004073	중국의 신헌법 구상에 대하여. 中国新宪法构想
77	004071	전국인민대표대회(정부) 개편. 全国人大改组
77	004072	중국의 국가와 당 기구 개편. 中国党政机关的改组
77	006203	중국의 고위 지도자 상황에 대하여. 中国高层领导人的情况

77	00167	중국 공산당의 상황. 中国共产党的情况
77	001225	"중국공산당 6중전회 이후 중국 공산당의 이데올로기 사업에 관하여"라는 제목의 자료 보고. "共产党第六中全会之后中国共产党意识形态工作"为题的资料报告
77	001227	중국 최고 지도자들의 1981년 공식 등장에 대한 소개와 짧은 평가. 有关中国最高领导人1981年公开出现的介绍和简短评价
77	001228/1-ig	중국 공산당의 최근 국제 활동. 中国共产党最近的国际活动
77	001231	6중전회 결의 실천을 위한 투쟁. 第6次全体大会决议执行的斗争
77	001237	중국공산당 6중전회 각 결의 보고. 中国共产党第6次全体大会各决议报告
77	001334	중국공산당 중앙위원회의 외교정책 조정위원회 설치. 建立中国共产党中央委员会外交政策调整委员会
77	001714	중국의 국가 지도 상황에 대하여. 中国的国情
77	002809	중국 공산당 중앙위원회의 정치연구소 소장의 연설. 中国共产党中央委员会政治研究所所长演讲
77	002909	내정문제와 중국 공산당의 대외 정책에 관한 중국 당 노동자들(의 의견). 中国共产党劳动者有关内政问题和中国共产党对外政策(的意见)
77	004730/20-ig	중국 공산당 제12차 대회 준비. 中国共产党第12次代表大会准备工作
77	005749	중국 공산당 제12차 대회를 앞둔 경제 논쟁. 中国共产党第12次代表大会之前的经济争议
77	005792/1-ig	중국 공산당 제12차 대회에 관하여, 중국-일본의 관계에 대한 중국의 공식 인물들(의 의견).

		中国共产党第12次大会, 中国官方人士对中国-日本关系(的意见)
77	006691	중국 공산당 제12차대회 이후 군 "통합"에 대한 지도이념의 조치. 中国共产党第12次大会之后有关军队"统合"指导理念的措施
78	004067	중국노동조합 동맹 방문. 中国工会同盟访问
78	004146	가슈빠르(Gáspár) 동지에게 중국 노동조합 지도자들과의 회동에 대한 중국 대사(의 소개). 中国大使就有关Gáspár同志和中国工会领导人碰头会(的介绍)
78	005150	소피아의 국제 아동모임에 중국 소년단 파견단(의 참가). 中国少年使团参加索菲亚国际儿童聚会
78	006692	"헝가리 청년"(Magyar Ifjuság, 잡지명) 편집장과 논설위원의 중국 방문. 중국 공산주의청년단의 상황에 대한 짧은 안내. "匈牙利青年"(Magyar Ifjuság, 杂志名)主编和评论员访问中国, 中国社会主义青年同盟情况的简短介绍
78	002454	천즈류(Chen Ziliu) 중국 1등 서기관의 국가교회청(國家敎會廳, 사회주의 시절에 운영되었으며 1989년 폐지)방문. 中国一级秘书ChenZiliu(？)访问国家宗教厅(社会主义时期建立, 1989年废除)
78	005636/1-ig	달라이 라마의 부다페스트 (통과)방문. 达赖喇嘛访问布达佩斯
78	004382	광저우의 국제투자 회의의 헝가리 참가에 대하여. 匈牙利参加广州国际投资会议
78	001226	전국인민대표대회를 통해 본 중국의 경제 정책. 通过全国人民代表大会了解到的中国经济政策
78	002805/1-ig	중국 국가계획위원회(ÁTB) 부부장인 팡웨이충(Fang Vej-csung)의 연설. /경제 상황에 대하여/

		中国国家计划委员会(ÁTB)副部长Fang Vej-csung(？)的讲话 /有关经济情况/
78	004530	사회주의 국가들의 경제 개혁에 대한 중국의 관심. 中国对社会主义国家的经济改革的关注
78	001232/1-ig	중국 경제학자 단체의 헝가리 방문에 대해 준비한 비공식 자료 보고. 为中国经济学者团体访问匈牙利准备的非公开报告资料
78	001453	중국의 사회과학 출판물들. 中国社会科学出版物
78	002291/6-ig	헝가리 사회과학 학자들의 중국 방문. 匈牙利社会科学学者访问中国
78	005959	경제 개혁에 관한 중국 외교부 관리들(의 의견) 中国外交部官员对经济改革(的意见)
78	006187	헝가리와 경제 관계 진흥을 위한 중국의 제안. 中国对振兴与匈牙利经济关系的提议
78	006205	꼬마르 러요쉬(Komár Lajos) 박사의 베이징 방문. Komár Lajos博士访问北京
78	002949/1-ig	차관보 급의 중국 파견단 수용에 대한 중국의 요청. 中国要求对接待部长助理级中国使团
78	004066	해양 심층에 있는 원유 시추에 대한 중국의 조치에 대해. 中国对海洋深处原油钻探的措施
78	004070/1-ig	중국의 에너지 관리. 中国能源管理经营
78	006305	중국 산업 재건에 헝가리 회사의 참기. 匈牙利公司参与中国产业重组再建
78	002218	헝가리-중국의 기술-학술 협력. 匈牙利-中国的技术、学术协作
78	005267	소련-중국의 기술-학술 협력. 苏联-中国的技术、学术协作
78	005263	헝가리-중국의 농업 정보 교환. 匈牙利-中国的农业信息交换

78	001233	중국(전자)통신 프로그램. 中国(电子)通讯项目
78	001708	소련-중국의 통과(트랜짓) 합의 및 장학생 교류. 苏联-中国过境协议及交换奖学金学生
78	003736	중국의 자동차 교통과 도로 업무 파견단의 방문 및 경험 공유 中国汽车交通和道路工作使团访问及见闻公开
78	004842	중국과 철도협력단체(OSZZSD, 바르샤바에 본부가 있는 국제적 기관)의 관계. 中国和铁路协作团体(OSZZSD,本部位于华沙的机构)的关系
78	001236	1981년 헝가리의 상업목적의 중국 방문자들. 1981年匈牙利访问中国商业团体
78	002807/2-ig	상무관 회담 보고서 제출. 商务官员会谈提交的报告
78	004383	친선 사회주의 국가과 중국 무역의 1981년 상황과 향후 전망에 대하여. 1981年友好社会主义国家和中国间的贸易情况及今后展望
78	005874	중국 무역 사절단의 라이프찌히 가을 국제 박람회 방문. 中国贸易使团访问莱比锡秋季国际博览会
78	005960	1983년 헝가리-중국의 상품 교환 전망. 1983年匈牙利-中国商品交易展望
78	006148	헝가리-중국의 물품교환 상황. 匈牙利-中国的物品交换情况
78	006689	중국 대외경제 정책의 몇 가지 중요한 문제점. 中国对外经济政策的几个重要问题
78	006694	무역성(省)에 보낸 죄리 어띨러(Győri Attila) 상무 참사관의 서신. 商务官参事Győri Attila给对外贸易部的书信
78	001241	공식무역 통로 이외의 관계. 중국의 주택문제. 公开的贸易渠道关系、中国的住房问题

78	006765	에너지화, (자연)자원과 환경보호를 주제로 개최한 제1차 중국-미국 학술대회에 관한 보고. 能源化, 以(自然)资源和环境保护为主题召开的中美学术会议相关报告
78	004746/1-ig	헝가리-중국의 언론 및 문화 관계의 문제점들. 匈牙利-中国的舆论及文化关系的问题
78	002477/7-ig	헝가리-중국의 장학생 교류 개선. 匈牙利-中国交换奖学金制度改善
78	002806	베이징체육 대학 방문. /대학사업에 대한 소개/ 访问北京体育大学 /对大学工作的介绍/
78	001238	류사오치선집 제1권. 刘少奇选集第1卷
78	002729	중국 작가의 헝가리 방문. 中国文学家访问匈牙利
78	003636	소련-중국 관계, 도서 및 영화 교환. 苏联-中国的关系, 交换图书及电影
78	005126	중국 인민예술단의 동독 초청 공연 건. 东德邀请中国人民艺术团演出
78	005467/3-ig	중국 인민 예술단의 헝가리 초청 공연. 匈牙利邀请中国人民艺术团演出
78	003686	중국의 헝가리 체육인 초청. 邀请匈牙利体育相关人员访问中国
78	004644	중국과 사회주의 국가들의 스포츠 관계. 中国和社会主义国家间的体育关系
78	005259/1-ig	중국-동독의 경제 및 스포츠 관계. 中国-东德的经济及体育关系
78	003529	중국에 관한 소련 여론. 苏联有关中国舆论
78	004839	중국의 대적(對敵)선전 관련 소련의 목록. 苏联目录中有关中国的敌对宣传

78	001242/1-ig	1981년 하반기 헝가리 관련 중국의 여론자료. 1981年下半年中国有关匈牙利的舆论资料
78	001781	신화사 대외연락부 부장과 오찬. 与新华社对外联络部部长共进午餐
78	003255/1-ig	헝가리-중국의 여론관계. 헝가리의 반혁명(헝가리 56년 혁명을 의미)에 대한 중국의 기사. 匈牙利-中国的舆论关系, 中国对匈牙利反革命(匈牙利56年革命)的报道
78	005750	반(反)마오주의(Maoism) 투쟁과 중국에 대한 헝가리의 선전에 대해. 反毛主义斗争及匈牙利有关中国的宣传
78	003000	헝가리-중국의 신문기자 관계. 匈牙利-中国新闻记者的关系
78	006212/2-ig	MTV(헝가리 국영 방송) 부사장의 베이징 방문과 관련한 중국외교관과의 대화. MTV(匈牙利国营广播)副部长访问北京及与中国外交官的谈话
79	001240	영사 보고. 领事报告
79	00159/4-ig	베이징 헝가리 대사관의 특송 우편 자료 평가. 北京匈牙利大使馆特快专递资料评价
79	001451	미싸로쉬 주저(Mészáros Zsuzsa) 박사의 보고 요약. Mészáros Zsuzsa博士的报告摘要
79	001452	미싸로쉬 샨도르(Mészáros Sándor)박사 동지의 당해 사업에 대한 보고. Mészáros Sándor博士同志该年工作报告
79	002810	갈 G. 떠마쉬(Gál G. Tamás)의 보고 요약. Gál G. Tamás报告摘要
79	004069	1981년 7월-1982년 5월 수행한 과업에 대한 몰나르 샨도르(Molnár Sándor) 박사의 보고 요약. 1981年7月-1982年5月间Molnár Sándor博士的工作报告摘要

79	004381	블러우만 페렌쯔(Blaumann Ferenc) 동지의 보고 요약. Blaumann Ferenc同志报告摘要
79	005115	후싸르 플로리안(Huszár Flórián)의 당해 보고 요약. Huszár Flórián同志该年报告摘要
79	004379	대사관 자료들에 대해 작성한 목록 보고. 大使馆资料目录报告
79	00235/7-ig	베이징에서 봉인한 특송 우편. 北京封存的特快专递
79	001223/8-ig	베이징 도착 특송 우편. 发往北京的特快专递

1983년(年)

Box 번호	문서번호	제목
74	0071	중국-방글라데시의 관계. 中国-孟加拉国的关系
74	00769	에티오피아에 대한 중국의 정책. 中国对埃塞俄比亚的政策
74	00995	중국의 근동 관련 정책에서 몇 가지 새로운 현상. 中国近东政策的几个新情况
74	001388	중국-인도 관계와 비동맹 정상 회의에 관한 정보들. 中印关系及非同盟正常会谈相关信息
74	001738	동유럽과의 관계 발전에 대한 마리에(Ma Lie) 중국 대사 예정자의 판단. 预计成为驻匈牙利中国大使的马列对东欧关系发展的推断
74	002457	중국-아프리카 관계의 활성화. 中国-非洲关系的活跃
74	002846	국제 상황, 특히 아프리카에서 중국의 역할에 대한 헝가리의 평가에 관한 짧은 요약. 国际情况, 特别是匈牙利对中国在非洲作用的简评
74	003357	서울발 중국민항기 사건 계기 서울방문 중국 사절단에 대한 조선의 태도. 朝鲜对飞往首尔的中国民航飞机事件中中国使团访问首尔的态度
74	005405	중국-미국, 중국-소련의 관계. /돌란츠(Dolanc) 유고슬라비아 내무장관에게 한 후야오방(Hu Jao-pang)과 자오쯔양(Csao Ce-jang)의 발언/ 中美, 中苏关系 /胡耀邦和赵紫阳有关南斯拉夫内务相Dolanc的发言/

74	00200	중국-소련의 의회 관계. 中苏议会关系
74	00246	소련-중국 외교부 부부장의 협의. 苏联-中国外交部副部长协议
74	00996	류춘치 중국일보(China Daily) 편집국장과 소련-중국, 소련-베트남 관계에 대한 대화. 《中国日报》主编刘尊棋就苏联-中国, 苏联-越南关系的谈话
74	001918	소련-중국의 관계./베이징 소련 대사의 중국 외교부 방문/ 苏联-中国的关系, /驻北京苏联大使访问中国外交部/
74	002378	중국-유고슬라비아의 관계. 中国-南斯拉夫的关系
74	002552	중국 외교부 부부장의 예정된 동유럽 방문. 中国外交部副部长预计访问东欧
74	002552/1	후야오방의 루마니아 및 유고슬라비아 방문. 胡耀邦访问罗马尼亚和南斯拉夫
74	002552/2	중국 외교부 부부장 접견에 대한 동독의 의견. 东德对中国外交部副部长接见的意见
74	002552/3	첸치천의 베를린 방문에 대한 동독의 의견. 东德对钱其琛访问柏林的意见
74	002552/4	후야오방의 루마니아 방문에 대한 소련의 평가. 苏联对胡耀邦访问罗马尼亚的评价
74	002552/5	중국 공산당 총서기의 루마니아 방문. /미우 도브레스쿠(Miu Dobrescu)의 안내/ 中国共产党总书记访问罗马尼亚 /Miu Dobrescu的介绍/
74	002552/6	후야오방의 루마니아 방문에 대해 중국 대사(의 의견). 中国大使对胡耀邦访问罗马尼亚(的意见)
74	003096	사회주의 국가들과 관계 설립을 위한 중국의 시도. ' 中国尝试与社会主义国家建立关系
74	003584	첸치천 중국 외교부 부부장의 폴란드 방문. 中国外交部副部长钱其琛访问波兰

74	003709	첸치천 중국 외교부 부부장 동독 방문. 中国外交部副部长钱其琛访问东德
74	004167	중국의 대내외 정책과 양국 관계에 대한 소련의 평가. / 베이징의 소련 대사 소개/ 中国内政外交政策及苏联对两国关系的评价 /北京的苏联大 使介绍/
74	004167/1	A szovjet-kinai kapcsolatok fejleménye. 소련-중국 관계 발전. 苏联-中国关系的发展
74	004252	소련-중국 관계의 새로운 시도. /소련 대사의 소개/ 苏联-中国关系的新尝试 /苏联大使介绍/
74	004552/1	소련-중국 관계의 새로운 일들. /소련 대사의 중국 외교 부 방문/ 苏联-中国关系的新进展 /苏联大使访问中国外交部/
74	004252/2	중국의 정책과 소련-중국 관계에 대한 소련의 평가. 中国的政策及苏联对苏联-中国关系的评价
74	004492	중국 파견단의 키예프 방문. 中国派遣团访问基辅
74	004551	중국과 사회주의 국가 친선협회의 관계. 中国和社会主义国家亲善协会的关系
74	004807	사회주의 국가들과 중국의 관계. 社会主义国家和中国的关系
74	004807/1	중국의 사회주의 국가들과의 관계에 대한 초우첸난(Csou Csien-nan) 기계산업부장(의 의견). 机械产业部部长周建南对中国和社会主义国家关系(的意见)
74	006069	헝가리-중국 관계에 대한 소련 외교관의 관심. 苏联外交官对匈牙利-中国关系的关注
74	006079	중국-동독, 중국-체코슬로바키아, 중국-쿠바의 관계. 中国-东德, 中国-捷克斯洛伐克, 中国-古巴的关系

74	006323	다스칼레스쿠(Dascalescu) 방문에 비추어 본 중국-루마니아의 관계. 通过Dascalescu访问观察到的中国-罗马尼亚的关系
74	00813	자오쯔양 중국 총리의 알제리 방문. 中国总理赵紫阳访问阿尔及利亚
74	005171	중국-미국 관계에 대한 중국 외교관(의 의견). 中国外交官对中美关系(的意见)
74	005193	중국-미국 관계의 상황, 가까운 미래에 예상되는 발전. 中-美关系的情况，预计在未来的进展
74	005193/1	레이건정부의 중국과의 관계 개선 추구. Reagan政府谋求与中国改善关系
74	005193/2	중국과 미국 관계의 최근 진전. 中美关系的最近进展
74	005785	중국 외교부 부장의 캐나다 방문. /유슈엔치엔(Vu Hszüen csien)/ 中国外交部长访问加拿大 /Vu Hszüen csien/
74	00294	자오쯔양 중국 총리의 콩고 방문. 中国总理赵紫阳访问刚果
74	00294/1	중국 총리의 아프리카 순방. 中国总理巡访非洲
74	00294/2	중국 총리의 아프리카 순방. 中国总理巡访非洲
74	00294/3	중국 총리의 아프리카 순방에 대한 유고슬라비아의 평가. 南斯拉夫对中国总理巡访非洲的评价
74	00294/4	중국 총리의 아프리카 순방. 中国总理巡访非洲
74	00294/5	자오쯔양 중국 총리의 콩고 방문. 中国总理赵紫阳访问刚果
74	00529	개발도상국과들과 관련된 중국의 정책 수정./자오쯔양의 이집트 방문에 기초하여/ 中国修订与发展中国家相关的政策 /以赵紫阳访问埃及为基础/

74	00697	중국 총리의 탄자니아 방문. 中国总理访问坦桑尼亚
74	00697/1	중국 총리의 탄자니아 방문. 中国总理访问坦桑尼亚
74	00928	중국 총리의 모로코 방문. 中国总理访问摩洛哥
74	004168	제3세계 국가에서 점증하는 중국의 활동. /중국과 제3 세계 관계/ 中国逐渐增加在第三世界国家的活动 /中国与第三世界的关系/
74	004570	중국 외교부 부장의 태국 방문. 中国外交部部长访问泰国
74	005370	우루과이와 중국의 관계. 乌拉圭和中国的关系
74	006313	중국-인도차이나의 관계. 中国-中南半岛国家的关系
74	001713	다마스커스의 중국 대사의 알제(알제리의 수도)이임. 驻大马士革中国大使历任去阿尔及尔(阿尔及利亚首都)
74	00395	중국 대사의 이임 방문. 中国大使离任访问
74	00395/1	중국 대사의 이임 방문. 中国大使离任访问
74	001352	펑위지우 중국 대사의 헝가리 지도자들 이임 방문. 中国大使冯于九离任前访问匈牙利领导人
74	002091	신임 중국 대사 마리에 신임장 제정 시 로숀치 빨(Losonczi Pál) 동지에 제안하는 대화 안건. 新任中国大使马列递交国书时向Losonczi Pál同志提议的谈话议案
74	002091/1	신임 중국 대사의 인사 차 방문. 新任中国大使介绍访问
74	002091/2	신임 중국 대사 마리에(Ma Lie)의 인사차 방문. 新任中国大使马列介绍访问

74	002091/3	신임 중국 대사 마리에(Ma Lie)의 인사차 방문. 新任中国大使马列介绍访问
74	002091/4	마리에(Ma Lie) 신임 중국 대사와 로숀치 동지의 대화. 新任中国大使马列与Losonczi同志的谈话
74	002091/5	신임 중국 대사 마리에의 인사 차 방문시 라자르 죄르지(Lázár György) 동지에 제안하는 대화 안건. 新任中国大使马列介绍、访问在即向Lázár György同志提交议案的谈话
74	002091/6	신임 중국 대사와 라자르 죄르지(Lázár György) 동지의 대화. 新任中国大使和Lázár György同志的谈话
74	002091/7	중국 대사 마리에 인사 차 방문. 新任中国大使马列介绍访问
74	003298	베이징의 예정된 헝가리 대사에 대한 아그레망 요청. /이반 라쓸로(Iván László)/ 向预计担任驻京匈牙利大使的认可邀请 /Iván László/
74	003298/1	이반 라쓸로(Iván László) 베이징의 헝가리 대사에게 아그레망 수여. 向驻北京匈牙利大使Iván László授予认可
74	003298/2	이반 라쓸로(Iván László) 대사의 베이징 주재 승인에 대한 중국 외교부의 (외교)각서 보고. 中国外交部有关Iván László大使驻京许可的(外交)照会报告
74	004284	중국-헝가리 관계에 대한 중국 외교부 부장(의 의견). /헝가리 대사 리반쓰끼 로베르뜨(Ribánszki Róbert)의 이임 방문/ 中国外交部长对中国-匈牙利关系的(的意见) /匈牙利大使Ribánszki Róbert离任访问/
74	004284/1	중국의 지도자들에 대한 이임 방문에 관한 요약. 中国领导人离任访问相关摘要
74	004284/2	리반쓰끼(Ribánszki) 동지의 자오쯔양 이임 방문. Ribánszki同志离任前访问赵紫阳

74	004284/3	리반쓰끼(Ribánszki) 동지에 대한 왕핑난의 고별 만찬. 王炳南与Ribánszki同志的告别晚餐
74	004284/4	이임 방문들에 관하여 작성한 요약. 有关离任访问的概要
74	004925	헝가리-중국 관계에 대한 중국 국가주석(의 의견). /헝가리 대사의 신임장 제정 시/ 中国国家主席对匈牙利-中国关系(的意见) /匈牙利大使递交国书/
74	004925/1	헝가리 대사의 소개 인사 차 자오쯔양 총리 방문. 匈牙利大使的介绍及赵紫阳总理访问
74	004925/2	중국 지도자들과 지금까지 회동한 경험들에 대하여. 至今为止与中国领导人会面见闻
74	004925/3	헝가리 대사의 소개 인사 차 왕핑난(Vang Ping-nan) 중국 친선 협회 연맹 의장 방문. 匈牙利大使介绍及中国对外友好协会会长王炳南访问
74	004925/4	헝가리 대사의 소개 인사 차 중국 외교부 부장 방문. 匈牙利大使介绍及中国外交部长访问
74	004821	중국-홍콩. /중국-영국 회담/ 中国-香港 /中国-英语会谈/
74	004821/1	홍콩에 관한 중국과 영국의 회담. 中国和英国有关香港的会谈
75	002874	중국 공산당의 내부 상황과 대외 정책에 대한 팔레스타인해방기구(PFSZ)의 정보. 巴勒斯坦解放组织(PFSZ)有关中国共产党内部情况和对外政策的信息
75	004501	달라이 라마(dalai láma)의 중국 방문 가능성. 达赖喇嘛访问中国的可能性
75	006266	후야오방의 일본 방문에 대한 평가. 对胡耀邦访问日本的评价

75	006266/1	중국 공산당 중앙위원회 총서기 후야오방의 일본 공식 방문. 中国共产党中央委员会总书记胡耀邦对进行日本正式访问
75	006266/2	중국 공산당 중앙위원회 총서기 후야오방의 일본 공식 방문. 中国共产党中央委员会总书记胡耀邦对日本进行正式访问
75	005724	네르쉬 레죄(Nyers Rezső) 동지를 단장으로 한 파견단에 대한 중국의 환대. 中国招待Nyers Rezső同志为团长一行
75	005724/1	완리(Van Li) 중국 부총리의 네르쉬(Nyers) 동지 접견. 中国副总理万里接见Nyers同志
75	002652	첸치천(Csien) 외교부 부부장의 헝가리 방문. 外交部副部长钱其琛访问匈牙利
75	002652/1	중국 외교부 부부장의 헝가리 방문에 대한 소련의 관심. 苏联对中国外交部副部长访问匈牙利的关注
75	002652/2	첸치천(Csien) 외교부 부부장의 헝가리 방문. /중국 대사의 방문/ 外交部副部长钱其琛访问匈牙利 /中国大使访问/
75	002652/3	첸치천(Csien Csi csen) 중국 외교부 부부장과 예정된 협의에 대해 하지(Házi) 동지에게 제안하는 의제. /계획안(計劃案)/ 向Házi同志提交的有关计划与中国外交部副部长钱其琛会面的提案/计划案/
75	002652/4	첸치천(Csien Csi csen)의 헝가리 방문. /리반스끼(Ribánszki) 동지의 회담 의제 제안/ 钱其琛访问匈牙利 /Ribánszki同志会谈议题提案/
75	002652/5	중국 외교부 부부장 첸치천(Csien Csi-csen)의 공식 헝가리 방문에 관한 보고. 有关中国外交部副部长钱其琛访问匈牙利的报告
75	002652/6	첸치천(Csien Csi-csen)의 헝가리 방문에 대한 중국의 평가. 中国对钱其琛访问匈牙利的评价

75	005392	헝가리-중국의 외무상(相) 회동. 匈牙利-中国外交部部长会晤
75	005523	1983년 헝가리-중국 파견단 교환에 대한 개요. 1983年匈牙利-中国互换使团的概要
75	005879	1983년 헝가리-중국 파견단 교환 합의의 문제점들. 1983年匈牙利-中国互换使团协议的问题
75	005953	1984년에 예상되는 헝가리-중국의 사절단 교환. 1984年预计进行的匈牙利-中国互换使团
75	003031	헝가리-중국의 실제적 관계 개관 및 향후 개선에 대한 제안들. 匈牙利-中国实际关系概况及今后改善的提案
75	004614	중국의 현재 대내외 정책 및 헝가리-중국 관계에 대한 짧은 안내. 中国现在内政外交政策及有关匈牙利-中国关系的简短介绍
75	003652	대사의 합의문 자료 보고. /중국 공산당 제12차 대회 이후 중국 외교 정책의 현안들/ 大使协议资料报告 /中国共产党第12次大会以后中国外交政策的问题/
75	004512	대사 보고. /리반쓰끼 로베르뜨(Ribánszki Róbert)/ 大使报告 /Ribánszki Róbert/
75	001555	중국과 외무 협의에 대한 동독의 제안. 东德有关与中国外交协议的提案
75	00734	중국 대사관의 참사관(参事官)과 저녁 식사. 和中国大使馆参赞共进晚餐
75	002079	중국에 관한 안내. 有关中国的介绍
75	002379	헝가리-중국의 관계. /비녜이(Bényei) 동지와 마쉬센(Ma Hszü Sen)의 회동/ 匈牙利-中国的关系 /Bényei同志和Ma Hszü Sen的会晤/
75	002379/1	헝가리-중국 관계의 주요한 내용들에 관한 안내. /R. 물둔(Muldoon) 방문에 대한 배경 자료/

		有关匈牙利-中国关系主要内容的介绍 /有关Muldoon访问的背景资料/
75	002379/2	헝가리-중국 관계. /지프코프(Zsivkov) 동지와 예정된 회담에 대한 일부 자료/ 匈牙利-中国的关系 /有关与Zsivkov同志会晤的部分资料/
75	002953	중국 대사를 방문. 访问中国大使
75	004775	중국과 헝가리-중국 관계에 대한 안내. 匈牙利-中国关系介绍
75	006378	중국의 관계 수립 시도. 尝试建立与中国的关系
75	00432	중국에 관한 사회주의 국가들의 외무성 차관(次官)협의를 제안. 社会主义国家外交副部长有关中国的协议提案
75	00955	중국 대사와 대화. 与中国大使的会晤
75	001048	중국 대리공사의 방문. 中国代理公使访问
75	001276	헝가리-중국 관계와 다른 주제들에 대해 첸치천(Csien) 중국 외교부 부부장(의 견해). 中国外交部副部长钱其琛有关匈牙利-中国关系以及其它主题(的意见)
75	001694	중국 대사관의 참사관/임시대리공사/이 (헝가리 외무성 내) 중국 담당국 방문. 中国大使馆参赞/临时代理大使/(匈牙利外交部)中国部门访问
75	001694/1	싱충시우(szing Csung-hsziu) 중국 참사관(参事官)의 방문. /재무 파견단 수용에 대한 중국의 요청/ 中国参赞szing Csung-hsziu的访问 /中国请求接待财务使团访问/

75	001694/2	헝가리-중국의 재무 연구 파견단 수용에 대해. 有关接待匈牙利-中国财务研究使团
75	001694/3	중국 재무 파견단의 헝가리 방문. 中国财务使团访问匈牙利
75	001694/4	중국 대사관의 참사관(参事官) 방문. 中国大使馆参事官访问
75	001864	국제적인 단체에서 중국의 활발한 정책에 대해 소련 외교관의 안내. 苏联外交官有关中国在国际团体中活跃的政策的介绍
75	002786	중국-헝가리 관계에 대한 마지(Ma Ji)(의 의견). Ma Ji对中国-匈牙利关系(的意见)
75	003664	미국의 정책에 대한 국제연구소 부소장(의 의견). 国际研究所副所长对美国政策(的意见)
75	003666	제3세계 국가들의 대사들에게 전하는 중국 외교부 관원들의 서신. /서신 보고/ 中国外交部官员向第三世界国家大使转交的书信 /书信报告/
75	003716	중국의 정보 요청. 有关中国的信息请求
75	003986	중국의 외교 정책. /두체프(Duczev) 소련 1등 서기관의 안내/ 中国的外交政策 /苏联一级秘书Duczev的介绍/
75	004072	헝가리-중국 양국 관계에 대한 첸치류(Csen-Cs liu) 헝가리 담당자(의 의견). 中国匈牙利方面负责人Csen-Cs liu对匈牙利-中国两国关系(的意见)
75	005414	중국의 임시대리공사와의 대화. 与中国临时代理公使的会晤
75	005995	헝가리-중국의 관계 및 중국의 정책에 대한 첸치천(Csien Csi-csen)(의 의견). 钱其琛对匈牙利-中国的关系及中国政策(的意见)

75	00999	윈난성(省), 구이저우성(省), 후난성(省) 여행. 游览云南省、贵州省、湖南省
75	00999/1	광둥성(省) 방문. 访问广东省
75	001000	미싸로쉬 샨도르(Mészáros Sándor)와 미싸로쉬 주저(Mészáros Zsuzsa)의 청두 및 시안 여행 보고. Mészáros Sándor和Mészáros Zsuzsa游览成都、西安的报告
75	003661	윈난성(省) 여행. 游览云南省
75	004169	모스크바의 중국 대사관에 대하여 상호주의 적용. /소련의 안내/ 驻莫斯科的中国大使馆实行互惠主义 /苏联介绍/
75	002459	칼 마르크스(Marx Károly) 서거 100주년에 대한 기념 행사들. Marx Károly逝世100周年纪念活动
75	004530	중국 외교부 부부장의 저녁 만찬 초대. 中国外交部副部长招待晚餐
75	003337	체코슬로바키아 국가 기념일 리셉션에 중국 외교부 부장(의 참여). 中国外交部部长参加捷克斯洛伐克国家纪念日酒会
75	005138	중국의 국가 경축일에 대해 소련의 기념 행사. 苏联在中国国家庆祝日的纪念活动
75	002080	중국. /국가 개관/ 中国 /国家概况/
75	002080/1	중국. /국가 개관/ 中国 /国家概况/
75	004766	중국 국내 정치계의 새로운 진전. 中国国内政的新进展
75	005036	중국의 내정(内政) 상황에 대한 주(驻) 베이징 유고슬라비아 대사(의 의견). 驻北京南斯拉夫大使对中国内政情况(的意见)

75	00994	중국의 신(新) 헌법에 관하여. 中国的新宪法
75	00997	국가 생활 각종 문제에 관한 전국인민대회 제5차 회의의 법령들. 全国人民大会第5次会议有关国民生活的各种问题的命令
75	003336	전국인민대회 소집에 관하여. 有关全国人民代表大会的召开
75	004006	전국인민대회 회의에 관한 선(先) 평가. 有关对全国人民代表大会的事先评价
75	004006/1	중국의 전국인민대표대회 선거와 전국인민대회 회의의 결과. 中国人大选举和全国人民代表大会的结果
75	002456	중국 공산당의 지식인 정책 추이 및 이 정책의 몇 가지 시의(時宜)적 문제점. 中国共产党知识分子政策的变化及相关政策的几个时宜问题
75	002804	중국에서 성(省)의 당위원회(黨委員會) 재편. 中国各省党委委员再调整
75	002804/1	중국 공산당의 성(省)위원회 재편. 中国共产党党委委员再调整
75	003008	동유럽 사회주의 국가들과 당(黨) 관계에 대한 중국의 의도. 中国与东欧社会主义国家发展政党关系的目的
75	003008/1	중국 공산당과 유럽 사회주의 국가들의 공산당 관계에 대하여. 中国共产党和欧洲社会主义国家共产党的关系
75	003008/2	중국 공산당과 국제 공산주의 운동. 中国共产党和国际共产主义运动
75	003008/3	국제 공산주의 및 노동운동과 관련된 중국 공산당의 활동. /1983년 4월-5월/ 中国共产党有关国际共产主义和劳动运动的活动 /1983年4月-5月/

75	003109	중국 공산당 제12차 대회에 관한 베트남의 평가. 越南对中国共产党第12次会议的评价
75	003625	중국 중앙위원회 총서기 후야오방의 유고슬라비아 방문. 中国中央委员会总书记胡耀邦访问南斯拉夫
75	003653	유고슬라비아 신문기자의 텡리췬(Teng Li-csün) 인터뷰. /중국의 내부 상황/ 南斯拉夫新闻记者对Teng Li-csün的采访 /中国的内部情况/
75	003911	중국 당(黨) 노동자 파견단의 동독 방문. 中国共产党劳动派遣团访问东德
75	003911/1	중국 당(黨) 노동자 파견단의 동독 방문. 中国共产党劳动派遣团访问东德
75	005195	1983년 여름, 서유럽 공산당 지도자들의 중국 방문. 1983年夏, 西欧共产党领导人访问中国
75	005574	10월의 중국 중앙위원회 회의. 10月的中共中央委员会会议
75	006395	중국 공산당 중앙위원회의 10월 회의에서 수용한 당(黨) 정비(整備) 결정문 평가. 中国共产党中央委员会10月会议中对党的整顿决议的评价
75	005339	중국 노동조합 제10차 대회에 대하여 헝가리 노동조합의 전문(電文) (발송) 제안. 匈牙利工会有关中国工会第10次会议电文(发送)的提案
75	001002	중국 공산주의청년단의 제11차 대회. 中国社会主义青年同盟第11次会议
75	003662	윈난성(省)에서 소수민족의 상황. 云南省少数民族情况
75	002461	법률가 동맹의 관계 대선에 대한 중국의 제안. 中国对法律同盟关系改善的提案
76	003892	양국 간(間) 군사 관계 개선에 대한 중국의 시도. 中国尝试改善两国间的军事关系

76	002458	중국의 군대발전 구상과 4대 현대화. /"홍기(紅旗)"라는 제목의 잡지에 실린 창아이핑(Csang Ajping) 국방상(相)의 기사/ 中国军队发展构想及四个现代化 /"红旗"杂志刊载的国防部部长张爱萍的报道/
76	003668	군축 문제에 대한 중국의 입장. 中国对军队建设的立场
76	004048	크메르 루주에 중국 제공 지원이 점증. 中国向红色高棉提供的支援渐增
76	001001	중국의 제6차 5개년 계획. 中国第六个五年计划
76	002737	중국 정부의 개혁위원회 부의장인 랴오치리(Liao Csi-li)와 동독 교수의 대화. 中国政府改革委员会副主任Liao Csi-li和东德教授的谈话
76	003656	1982년 중국의 경제 발전. 1982年中国的经济发展
76	006558	중국의 경제 개혁 준비. 中国的经济改革准备情况
76	00199	1983년도 중국-불가리아 물품교환 합의. 1983年中国-保加利亚物品交换协议
76	00228	1983년도 중국-폴란드 물품교환 합의. 1983年中国-波兰物品交换协议
76	00548	중국의 재건 프로그램에 헝가리의 참여. 匈牙利参与中国在建项目
76	002380	중국-폴란드의 경제 관계. 中国-波兰的经济关系
76	002380/1	폴란드-중국의 관계. /경제 합동위원회 재편 계획/ 波兰-中国的关系 /经济合作委员会重组计划/
76	002380/2	폴란드-중국의 경제 및 무역 관계. 波兰-中国的经济贸易关系

76	006011	폴란드-중국의 경제 및 무역 관계. 波兰-中国的经济贸易关系
76	006391	중국과 유럽 사회주의 국가들의 무역 관계. 中国和欧洲社会主义国家的贸易关系
76	006479	중국의 산업 재건과 사회주의 국가들. 中国产业重建及社会主义国家
76	002736	중국의 1982년 대외경제 및 대외무역 성과에 대하여. 中国1982年对外经济及对外贸易成果
76	002734	중국-헝가리 친선 합자회사 방문. 中国-匈牙利友好合作会议访问
76	004577	중국 경제학자 파견단 단장이 헝가리 임시대리공사를 접견. 中国经济学者使团团长接见匈牙利临时代理公使
76	004577/1	중국 경제학자 파견단 단장이 헝가리 임시대리공사를 접견. 中国经济学者使团团长接见匈牙利临时代理公使
76	004577/2	중국 측이 헝가리 경제학자 파견단 초청. 中国邀请匈牙利经济学者使团
76	005417	헝가리 경제학자 파견단의 중국 프로그램. 匈牙利经济学者使团的中国项目
76	005417/1	헝가리 경제학자 파견단의 중국 프로그램. 匈牙利经济学者使团的中国项目
76	003659	중국의 차관 제공 정책. 中国提供贷款的政策
76	003590	추치엔난(Csu Csien-nan) 중국 기계산업상(相)의 헝가리 방문 추진. 促进中国机械工业部部长周建南访问匈牙利
76	003590/1	중국 기계산업상(相)의 헝가리 방문. 中国机械工业部部长访问匈牙利

76	003590/2	추치엔난(Csu Csien-nan) 중국 기계산업상(相)과 진행된 회담에 대한 산업상(相)의 보고. 产业部部长有关与中国机械工业部部长周建南会晤的报告
76	003654	중국의 전기 설비 생산 분야의 상황. 中国电子设备生产情况
76	005194	중국의 발전소 설비 생산: 하얼빈의 통합 발전설비 설계 및 연구소. 中国的发电站设备生产：哈尔滨统一发展设备设计及研究所
76	003663	상하이 MICONEX 제83회 기구(器具)산업 전시회. 上海MICONEX 第83次工具产业展销会
76	004502	기술-학술 협력위원회 회의에 대한 중국의 일정 제안. 中国有关技术-学术协作委员会会议日程的提案
76	004502/1	헝가리-중국 기술-학술 협력위원회 제22차 회의. 匈牙利-中国技术学术协作委员会第22次会议
76	004502/2	헝가리-중국 기술-학술 협력위원회 제22차 회의. 匈牙利-中国技术学术协作委员会第22次会议
76	00998	1982년의 중국 농업. 1982年的中国农业
76	002455	헝가리 경험으로 본 현재 중국 농업 개혁의 몇 가지 문제점. 通过匈牙利经历看到的当今中国农业计划的几个问题
76	003655	사절단의 뻬르까떠(Perkáta, 헝가리 지명) 헝가리-중국 친선 협동농장 방문에 관한 보고. 使节团访问匈牙利-中国友好协作农场Perkáta(匈牙利地名)的报告
76	005359	중국 대외경제무역부 부장의 리마 방문. 中国对外经济贸易部部长访问利马
76	002595	헝가리-중국의 무역에 대한 천치에(Csen Csie)(의 의견). Csen Csie对匈牙利-中国贸易(的意见)
76	004289	베레쉬(Veress) 무역상(相) 방문에 대한 중국의 일정 제안. 中国对贸易部部长Veress访问日程的提案

76	004289/1	베레쉬(Veress) 무역상(相) 동지에 대한 중국의 초청. 中国向贸易部部长Veress同志发出邀请
76	004289/2	베레쉬 뻬떼르(Veress Péter) 무역상(相) 동지의 중국 출장 준비. 贸易部部长Veress Péter的中国出差准备
76	004289/3	베레쉬(Veress) 무역상(相) 영접을 위한 중국의 준비. 为迎接贸易部部长Veress同志的中国准备工作
76	004289/4	중국 방문 관련 베레쉬 뻬떼르(Veress Péter)무역상(相)의 회담의제 준비. 贸易部部长Veress就访问中国会晤议题的准备
76	004289/5	베레쉬 뻬떼르(Veress Péter) 동지에 대한 안내 자료 송부. 有关Veress Péter同志的介绍资料邮寄
76	004289/6	베레쉬(Veress) 동지의 중국 방문. Veress同志访问中国
76	004289/7	베레쉬 뻬떼르(Veress Péter) 외무상(相)의 중국 방문에 대한 보고. 外交部部长Veress Péter访问中国的报告
76	002023	베이징 관광(산업)회의에 친선 사회주의 국가들의 참가. 友好社会主义国家参加北京的观光(产业)会议
76	005139	중국-헝가리 학술원의 협력. 中国-匈牙利学术院的协作
76	005139/1	중국-헝가리 학술원의 협력. 中国-匈牙利学术院的协作
76	005139/2	중국-헝가리 학술원의 협력. 中国-匈牙利学术院的协作
76	002454	헝가리 영화 전문가들의 방문에서 경험한 것. 匈牙利电影专家访问见闻
76	004774	머필름(MAFILM, 헝가리 국영 영화 촬영소) 촬영팀의 중국 촬영. MAFILM(匈牙利国营电影制片厂)摄制组去中国拍摄

76	001656	여성 작가 끼쉬 언너(Kiss Anna)의 베이징 초청. 北京邀请女性作家Kiss Anna
76	001656/1	끼쉬 언너의 중국 초청 참여 평가. 参与评价中国邀请Kiss Anna
76	002114	중국 예술단의 방문 계획. /상하이 공연단/ 中国艺术团访问计划 /上海公演团/
76	004363	덩샤오핑선집의 출판. 邓小平选集出版
76	003658	군대에서 리테셍(Li Te-seng)의 반(反) "좌파" 이데올로기 투쟁의 필요성에 대하여. 军队中反Li Te-seng(?)"左派"意识形态斗争的必要性
76	003665	"창하이티로부터 배우자"라는 캠페인 전개에서 본 중국의 대중 선전 전략. 从"向张海迪学习"运动的开展看中国的大众宣传战略
76	004508	베이징에서 보낸 반(反)베트남 선전 자료에 대한 중국 문화 관원의 인식. 中国文化官员对北京寄出的反越南宣传资料的认识
76	006396	중국 군대 잡지에 게재된 기사 보고. 中国军事杂志刊登的报道
76	001003	대사관의 대중국 활동. 大使馆对中国活动
76	003998	인민일보 파견단의 헝가리와 동독 방문. 人民日报使团访问匈牙利、东德
76	003998/1	헝가리-중국 관계에 대하여. /인민일보 파견단과 너지 야노쉬(Nagy János) 동지의 회동에 대한 자료/ 匈牙利-中国关系 /人民日报使团会晤Nagy János同志的资料/
76	002115	신화사 부사장의 예정된 프라하 방문. /펑치엔(Feng Tyien)/ 新华社副社长预计访问布拉格 /Feng Tyien/
76	001353	바르너이 페렌쯔(Várnai Ferenc) 기자 동지/(헝가리) 인민해방일보(Népszabadság)/의 중국 방문. 记者Várnai Ferenc同志(匈牙利人民解放日)报访问中国

76	001353/1	바르너이 페렌쯔 기자 동지/(헝가리) 인민해방일보 (Népszabadság)/의 중국 방문. 记者Várnai Ferenc同志(匈牙利人民解放日)报访问中国
76	004699	중국 신문 사절단의 방문. 中国新闻使团访问
76	004699/1	인민일보 파견단의 동독 방문. /크롤로코브스키(Krolokowski) 차관보의 평가/ 人民日报使团访问东德 /次官助理Krolokowski的评价/
76	003669	유고슬라비아 신문기자의 후야오방 인터뷰. /중국의 대내외 정책과 경제/ 南斯拉夫新闻记者采访胡耀邦 /中国的内政外交政策和经济/
76	004120	중국의 대내 정책에 관한 중국 부부장(의 의견). /P. 써보 요제프(P. Szabó József)에게/ 中国副部长对中国内政外交政策(的意见)/给P. Szabó József/
76	004246	베이징 라디오의 "헝가리 섹션"에 대한 헝가리의 입장 표명 제안. 匈牙利对北京广播中"匈牙利版块"的立场提案
76	004246/1	중국 라디오의 헝가리 섹션과 관련한 입장 표명 계획에 대하여. 就中国广播中有关"匈牙利版块"表明立场计划
76	004368	P. 써보 요제프(P. Szabó József)의 베이징 방문. P. Szabó József访问北京
76	006158	헝가리-중국의 라디오와 협의. 匈牙利-中国的广播间的协商
76	006158/1	헝가리-중국의 라디오와 협의. 匈牙利-中国的广播间的协商
76	00657	영사 보고. 领事报告
76	001371	베이징 헝가리 대사관의 특송 우편 평가. 北京匈牙利大使馆特快专递评价

76	001371/1	베이징 헝가리 대사관의 특송 우편 평가. 北京匈牙利大使馆特快专递评价
76	001671	미싸로쉬 샨도르(Mészáros Sándor) 박사 동지의 당해 사업에 관한 보고 요약. 博士Mészáros Sándor同志当年工作相关报告摘要
76	001671/1	(외무성의 해당) 지역국(局)에서 미싸로쉬 샨도르(Mészáros Sándor) 박사와 미싸로쉬 주저(Mészáros Zsuzsa)의 보고. Mészáros Sándor博士和Mészáros Zsuzsa给(外交部)地区局报告
76	001672	미싸로쉬 주저(Mészáros Zsuzsa) 여성 동지의 당해 사업에 관한 보고 요약. 女同志Mészáros Zsuzsa当年工作报告摘要
76	002735	갈 G. 떠마쉬(Gál G. Tamás)의 보고 요약. Gál G. Tamás报告摘要
76	003657	1982년 8월에서 5월 24일까지 수행한 과업에 관한 블라우만 페렌쯔(Blaumann Ferenc) 1등서기관의 보고 요약. 一级秘书Blaumann Ferenc1982年8月到1983年5月24日的工作报告摘要
76	004364	몰나르 샨도르(Molnár Sándor) 박사의 당해 사업에 관한 보고 요약. Molnár Sándor博士当年工作报告摘要
76	006389	당해 보고 요약. /1983년/ 当年报告摘要 /1983年/
76	003694	베이징 헝가리 대사 내정자 이반 라쓸로(Iván László) 동지에 대한 준비 계획. 有关驻北京匈牙利大使候选人Iván László同志的准备计划
76	003694/1	베이징 헝가리 대사 이반 라쓸로(Iván László) 동지의 활동에 대한 기본 방침. 驻北京匈牙利大使Iván László同志活动的基本方针
76	003694/2	준비 계획 실행에 관한 보고. 执行准备计划的相关报告

76	0098/7-ig	베이징 도착 기밀문서 특송 우편 요약. 寄往北京的特快专递机密文件摘要
76	00993/8-ig	베이징발 기밀문서 특송 우편 요약. 北京寄出的特快专递机密文件摘要

Box 번호	문서번호	제목
82	00974/6	인도차이나, 소련-중국의 관계에 관한 카피차(Kapica) 동지의 안내. 中南半岛, Kapica就苏联-中国关系的介绍
82	0038	1984년의 예상되는 헝가리-중국의 파견단 교환. 预计1984年匈牙利-中国互派使团
82	002627	종젠 중국 참사관과의 대화. 与中国参事官Zhong Zhen的对话
82	003922/2	헝가리 정부 파견단의 중국 방문에 대한 회담의 기본 방침들. 有关匈牙利政府使团访问中国会谈的基本方针
82	003922/5	머려이(Marjai)동지와 수행인들의 중국 방문에 대한 회담의 기본 방침. 有关Marjai同志和随行访问中国会谈的基本方针
82	003922/12	머려이(Marjai)동지와 리펑 총리의 회담. Marjai同志和李鹏总理的会谈
82	003922/16	머려이 요제프(Marjai József) 내각 부의장이자 정부 경제위원회 의장의 1984년 8월 20일-9월1일간 중국 공식 방문에 대한 보고. 内阁副议长、政府经济委员会议长MarjaiJózsef于1984年8月20日-9月1日间对中国进行正式访问的报告
82	005606/3	중국 계획위원회 의장인 쑹핑 국무위원과 회담에 대한 기본 방침. 与担任中国计划委员会主任的宋萍国务委员会谈的基本方针

82	005674	중국인민은행 총재의 방문에 관한 띠마 마탸쉬(Timá Mátyás)의 보고. Timá Mátyás关于中国人民银行行长访问的报告
82	005340	엄브루쉬 야노쉬(Ambrus Jánoshoz)에게 보낸 G. 주라브예프 소련 무역성(省) 부상(副相)의 서신. 苏联贸易部次官G. Zsuravljev写给Ambrus Jánoshoz的书信
82	005340/1	사회주의 국가의 무역성(省) 부상(副相)과 모스크바에서 중국에 관련 협의에 대한 헝가리의 준비. 匈牙利在莫斯科与社会主义国家贸易部次官就有关中国相关协议的准备情况
82	005340/2	사회주의 국가의 무역성(省) 부상(副相)들과 모스크바에서 중국에 관련 협의에 대한 헝가리의 준비. 匈牙利在莫斯科与社会主义国家贸易部次官就有关中国相关协议的准备情况
82	005340/	중국과 관련하여 친선 사회주의 국가들의 무역성(省) 부상(副相)들의 모스크바 협의. 友好社会主义国家贸易部次官有关中国的莫斯科协议
82	004285	중국 상무부장의 헝가리 방문. 中国商务部部长访问匈牙利
83	00133	중국-폴란드의 관계. 中国-波兰的关系
83	00856	중국의 대내외 정책 상황에 대한 소련의 평가. 苏联对中国内政外交政策情况的评价
83	00974	소련-중국 관계에 관한 장전 중국 참사관(의 의견). 中国参事官Zhang-Zhen有关苏联-中国关系(的意见)
83	00974/1	중국-소련의 관계. 中苏关系
83	00974/2	소련-중국 관계에 관한 소련 외무성 부국장(의 의견). 苏联外交部副局长有关苏联-中国关系(的意见)
83	00974/3	소련-중국 관계에 관한 중국 외교부 담당 국장(의 의견). 中国外交部部长对苏联-中国关系(的意见)

83	00974/4	소련-중국의 관계. 苏联-中国的关系
83	00974/5	소련-중국 관계에 관한 첸치천(의 의견). 钱其琛对苏联-中国的关系(的意见)
83	00974/7	소련-중국 관계에 관한 안내. 有关苏联-中国关系的介绍
83	00974/8	소련-중국 관계에서 "작은 조치들". 苏联-中国关系中的"小的措施"
83	00974/9	소련-중국 관계에 관한 조선의 의견. 朝鲜对苏联-中国关系的意见
83	001407	중국의 대내외 정책과 헝가리-중국 관계에 관하여. 中国的内政外交政策以及匈牙利-中国关系
83	001407/1	중국의 대내외 정책 및 헝가리-중국 관계에 관하여. 中国的内政外交政策和匈牙利-中国关系
83	001407/2	중국의 대내외 정책에 관한 안내. 中国的内政外交政策介绍
83	001425	중국 대사의 정보. 中国大使情报
83	001688	1983년 중국의 외교 정책. 1983年的中国外交政策
83	001688/1	변화하는 중국의 외교 정책 变化中的中国外交政策
83	001688/2	중국 외교 정책 변화에 대한 평가. 对中国外交政策变化的评价
83	001692	중국과 조선관계의 새로운 양상. 中朝关系的新情况
83	002073	변화한 중국 외교 정책의 전략에 대한 네덜란드 외무성의 평가. 荷兰外交部对处在变化中的中国外交政策战略的评价
83	002467	소련과 다른 사회주의 국가들과 중국의 관계. 苏联及其它社会主义国家与中国的关系

83	002467/2	사회주의 국가들과 중국의 관계에 관한 소련 외교관 (의 의견). 苏联外交官有关社会主义国家和中国关系(的意见)
83	002467/3	중국과 친선 사회주의 국가들의 관계. 中国和友好社会主义国家的关系
83	002467/4	중국과 몇 몇 사회주의 국가의 관계. 中国和几个社会主义国家的关系
83	002467/5	중국과 몇몇 사회주의 국가의 관계. 中国和几个社会主义国家的关系
83	002514	중국의 외교 정책 노력에 대한 소련의 평가. 苏联对中国外交政策的评价
83	002553/1	아시아 정책에 대한 중국의 방침. 中国亚洲政策方针
83	003092	중국-남한의 관계 추이. 中国-南韩关系的变化发展
83	003167	아프리카의 역할에 대한 중국의 평가. 中国对非洲作用的评价
83	003167/1	아프리카의 역할에 대한 중국의 평가. 中国对非洲作用的评价
83	003841	중국의 인도차이나 정책. 中国的中南半岛政策
83	004028	소련-중국-조선의 관계. 苏联-中国-朝鲜的关系
83	004489	헝가리-중국의 관계. 匈牙利-中国的关系
83	004489/1	헝가리-중국의 관계에 관한 안내. 有关匈牙利-中国关系的介绍
83	004489/2	1984년 헝가리-중국의 관계에 관한 안내. 有关1984年匈牙利-中国关系的介绍
83	004746	우쉐지엔의 라틴 아메리카 순방에 비추어 본 중국-라 틴 아메리카의 관계. Vu Hszüe-csien巡访拉丁美洲映射出的中国-拉丁美洲的关系

83	004888	인도네시아-중국의 관계. 印度尼西亚-中国的关系
83	004888/1	인도네시아-중국의 관계. 印度尼西亚-中国的关系
83	005157	홍콩에 관한 중국-영국의 합의. 中国-英国有关香港的协议
83	005157/1	홍콩의 미래에 관한 중국-영국의 합의. 中国-英国有关香港未来的协议
83	005382	1984년 헝가리-중국의 관계. 1984年匈牙利-中国的关系
83	005382/1	헝가리-중국 관계 진흥을 위한 중국 외교부의 제안. 中国外交部强化匈牙利-中国关系的提案
83	005382/2	헝가리-중국 관계에서 역할하는 중국측 책임자들의 개인 신상 자료. 影响匈牙利-中国关系的中国领导人的个人资料
83	005862	소련-중국 관계의 발전. 苏联-中国关系的发展
83	005890	라틴 아메리카에 대한 중국의 정책과 경제 관계. 中国对拉丁美洲的政策及经济关系
83	004660	헝가리-중국 외교 관계 수립 기념 행사. 匈牙利-中国建交纪念活动
83	004756	동독-중국의 외교 관계 수립 35주년 기념. 东德-中国建交35周年纪念
83	004756/1	중국과 사회주의 국가들의 외교 관계 수립 35주년. 中国和社会主义国家建交35周年
83	005653	중국과 사우디아라비아 간 외교 관계 수립 계획. 中国和沙特阿拉伯间的建交计划
83	004014	중국-소련친선협회의 의장. 中国-苏联亲善协会议长
83	0038/1	1984년의 헝가리-중국 파견단 교환. /방문 일시순/ 1984年匈牙利-中国使团交换 /按访问日期/

83	00676	중국 총리의 미국 방문에 관한 나토(NATO)의 의견. 北约(NATO)对中国总理访问美国的意见
83	00676/1	자오쯔양 총리의 미국 방문. /1984년 1월 9일-16일까지/ 赵紫阳总理访问美国 /1984年1月9日-16日/
83	00963	1984년 헝가리-중국의 사절단 교환 및 이와 관련된 과업들. 1984年匈牙利-中国使团互换及相关工作
83	001689	자오쯔양 중국 총리의 캐나다 방문. 中国总理赵紫阳访问加拿大
83	001689/1	자오쯔양 중국 총리의 캐나다 방문. 中国总理赵紫阳访问加拿大
83	001942	중국 외교부 부장의 말레이시아 방문. 中国外交部部长访问马来西亚
83	002477	우쉐첸 외교부 부장의 오스트리아 방문. 外交部部长吴学谦访问奥地利
83	002477/1	우쉐첸 외교부 부장의 오스트리아 방문. 外交部部长吴学谦访问奥地利
83	002573	중국 외교부 부장의 루마니아 방문. 中国外交部部长访问罗马尼亚
83	002668	리셴녠 중국 국가주석의 터키 방문. 中国国家主席李先念访问土耳其
83	003329	후야오방조선 방문에 관한 중국과 소련의 안내. 中国和苏联有关胡耀邦访问朝鲜的介绍
83	003706	자오쯔양의 벨기에 방문. 赵紫阳访问比利时
83	003734	중국 총리의 프랑스 방문. 中国总理访问法国
83	003794	중국 외교부 부부장의 불가리아 방문. 中国外交部副部长访问保加利亚
83	004685	중국 국가주석의 루마니아 방문. 中国主席访问罗马尼亚

83	004879	중국 대외경제무역부 부장의 동독 방문. 中国对外经济贸易部部长部长访问东德
83	004993	중국 대외경제무역부 부장인 천모화(Csen Mu-hua)의 방문. 中国对外经济贸易部部长部长陈慕华访问
83	005979	중국 국가주석인 리셴녠(Li Hszien-nien)의 포르투갈 방문. 中国国家主席李先念访问葡萄牙
83	002467/1	중국과 사회주의 국가의 관계 / 천모화의 방문/ 中国与社会主义国家间的关系 /陈慕华访问/
83	002415	우쉐첸 중국 외교부 부장의 유고슬라비아 방문. 中国外交部部长吴学谦访问南斯拉夫
83	004043	모스크바에서 중국-소련 외무 부부장의 협의. 中-苏外交部副部长在莫斯科会晤
83	004043/1	소련-중국 외교 부부장의 회담에 관한 안내. 苏-中外交部副部长会谈介绍
83	004043/2	소련 외무상과 중국 외교 부부장의 회담에 관한 이바르 아보이모프(Ivar Aboimov) 소련 대사의 안내. 苏联大使Ivar　Aboimov对苏联外交部官员会晤中国外交部副部长的介绍
83	005011	중국 외교부 부장과 바르꼬니(Várkonyi) 동지의 회담. 中国外交部长会晤Várkonyi同志
83	00a5011/1	헝가리-중국의 외교부 부장 회동. 匈牙利-中国外交部长会晤
83	005011/2	중국-헝가리 외교부 부장(외무상, 外務相) 회담에 대한 중국 외교부 부부장(의 의견). 中国外交部部长有关中国-匈牙利外交部长会晤(的意见)
83	005011/3	중국 외교부 부장과 유엔본청에서 예정된 회동에 관하여 바르꼬니(Várkonyi) 동지에 대한 안내와 제안들. 向Várkonyi同志汇报有关和中国外交部部长预定在联合国本部会晤的情况

83	005167	소련과 중국 외교부 부장(외무상, 外務相)의 회동. 苏联和中国外交部长会晤
83	006220	중국 외교부 부장의 1985년 예정된 동유럽 방문. 中国外交部部长预计1985年访问东欧
83	00105	주체프(Dzucev) 소련 1등 서기관의 방문. /중국 주제/ 苏联一级秘书Dzucev访问 /有关中国的主题/
83	001343	중국과 헝가리의 협력. 中国和匈牙利合作
83	002553	중국의 아시아 정책 현안에 관한 중국 외교부 부국장 (의 의견). 中国外交部副局长对中国亚洲政策问题(的意见)
83	002794	우쉐첸 중국 외교부 부장의 방문. 中国外交部部长吴学谦访问
83	003710	관계발전 일정에 관한 중국 외교부 국장(의 의견). 中国外交部局长对关系发展日程(的意见)
83	003330	이반 라쓸로(Iván László)의 대사 보고. Iván László大使报告
83	002555	소련 외교관과 지도급 중국 정치학자와의 대화. 苏联外交官和中国知名政治学者的对话
83	004659	국가 경축일에 대한 중국의 기념행사. 中国有关国家庆祝日的纪念活动
83	004842	중국 위생부 부장을 위한 저녁 만찬. 招待中国卫生部部长的晚宴
83	003627	중국 건국 제35주년 기념과 관련한 소련의 선(先)안내. 苏联有关中国建国35周年纪念介绍
83	003627/1	중국 건국 제35주년에 관한 소련의 기념행사. 苏联有关中国建国35周年的纪念活动
83	003627/2	중국 국가 경축일의 행사들. 中国国家庆祝日活动

83	001690	1983년 국제 공산주의자와 노동운동에서 중국공산당의 활동. 1983年中国共产党在国际共产主义者、劳动运动中的活动
83	001694	1983년 중국의 내정 상황. 1983年中国的内政情况
83	001694/1	상층 지도부에서 중국 내정에 대한 서로다른 관점을 보여주는 징후. 上层领导班子有关中国内政观点出现分歧的征兆
83	003972	중국공산당 중앙위원회 10월 전체회의에 관한 준비. 中国共产党中央委员会10月全体大会的准备
83	003972/1	중국공산당 중앙위원회 제3차 전체회의의 선(先)평가. 对中国共产党中央委员会第3次全体大会的预先评价
83	002662	중국-헝가리의 청년 관계. 中国-匈牙利的青年关系
83	00207	중국 친선협회연맹 의장인 왕빙난(Vang Ping-nan)에게 방문 요청. 邀请中国对外友好协会会长王炳南访问
83	00207/1	왕핑난의 헝가리 방문에 대한 중국의 일정 제안. 中国对王炳南访问匈牙利日程的提案
83	00207/2	왕핑난을 단장으로 한 사절단의 방문과 관련된 정보들. 有关以王炳南为团长的使团访问的信息
83	00207/3	왕핑난의 성명에 대하여. 王炳南声明
83	00207/4	왕핑난의 방문. 王炳南访问
83	002720	왕핑난의 동독 프로그램. 王炳南的东德日程
83	00207/5	왕핑난을 단장으로 한 파견단의 헝가리 방문. 以王炳南为团长的使团一行访问匈牙利
83	00119	왕핑난의 사회주의 국가들 방문 계획. 王炳南访问社会主义国家的计划

83	04097	중국-미국의 전략 합의. 中国-美国战略协议
83	006233	중국과 선진자본주의 국가의 군사 협력에 관한 소련의 평가. 苏联对中国和发达资本主义国家军事合作的评价
83	00738	중국 노동조합 관리들의 참고 자료. 中华全国总工会官员参考资料
84	00470	중국-미국의 경제 관계. 中国-美国经济关系
84	001148	중국 파견단 접견에 대한 정보 요청. 对接见中国使团的信息邀请
84	001148/1	유럽사회주의 국가들을 방문하는 중국경제 파견단의 체코슬로바키아 접견 정보. 有关中国经济使团访问欧洲社会主义国家时捷克斯洛伐克的接见信息
84	001148/2	중국 경제 사절단의 불가리아 방문 준비. 中国经济使团访问保加利亚的准备
84	001148/3	유럽 사회주의 국가를 순방하는 중국경제 파견단의 체코슬로바키아 프로그램. 巡访欧洲社会主义国家的中国经济使团的捷克斯洛伐克项目
84	001148/4	중국 경제 사절단의 불가리아 회담에 관한 정보. 有关中国经济使团与保加利亚会晤的信息
84	001239	추중치(Csu Zsung-csi)를 단장으로 한 중국 재건 파견단의 동독 방문. Csu Zsung-csi(?)为团长的中国重建使团访问东德
84	001401	추중치(Csu Zsung-csi)를 단장으로 한 재건 파견단의 동독 프로그램. Csu Zsung-csi(?)为团长的重建使团的东德项目
84	001401/1	중국 재건 파견단의 동독 회담 관련 중국의 제안. 中国重建使团东德会谈相关中国提案

84	001401/2	중국의 국가경제위원회 파견단의 동독 방문. 中国国家经济委员会使团访问东德
84	001584	중국의 국가경제위원회 사절단의 헝가리 방문. 中国国家经济委员会使团访问匈牙利
84	001585	중국-불가리아의 경제 협력 계획. 中国-保加利亚经济合作计划
84	001585/1	중국-불가리아관계 몇 가지 현안에 대한 중국 대사관 상무참사관의 안내. 中国大使馆商务参赞介绍中国-保加利亚关系的几个问题
84	001691	1983년 중국경제. 1983年中国经济
84	003855	루마니아-중국의 경제 관계. 罗马尼亚-中国的经济关系
84	00133/1	중국 파견단 접견에 관한 정보들. 接见中国使团相关信息
84	002552	헝가리 경제개혁에 관한 중국의 의견: 중국경제개혁 준비의 몇 가지 문제점. 中国有关匈牙利经济改革的意见：中国经济改革准备的几个问题
84	002865	체코슬로바키아-중국의 경제 협력 회담에 대한 안내. 捷克斯洛伐克-中国经济合作会谈的介绍
84	002865/1	체코슬로바키아-중국의 경제 관계. 捷克斯洛伐克-中国经济关系
84	003922	머려이(Marjai) 동지의 중국 방문 일정. Marjai同志访问中国的日程
84	003922/1	머려이(Marjai) 동지의 방문에 대한 중국의 프로그램 제안. 中国有关Marjai同志访问的项目提案
84	003922/3	머려이(Marjai) 동지의 중국 방문 준비. Marjai同志访问中国的相关准备

84	003922/4	머려이(Marjai) 동지의 방문에 관한 중국의 앞선 언론 발표 계획. 有关Marjai同志访问中国前的中国媒体的报道计划
84	003922/6	머려이(Marjai) 동지에 대한 중국의 프로그램 준비. 中国有关Marjai同志的项目准备
84	003922/8	머려이(Marjai) 동지에 대한 중국의 프로그램 준비. 中国有关Marjai同志的项目准备
84	003922/9	머려이(Marjai) 동지에 대한 중국의 프로그램 준비. 中国有关Marjai同志的项目准备
84	003922/10	머려이(Marjai) 동지를 위한 리셉션에서 리펑 중국 부총리의 건배사. 中国副总理李鹏在欢迎Marjai同志酒会上的祝酒词
84	003922/11	머려이(Marjai) 동지와 일행을 위한 중국의 프로그램 준비. 中国有关Marjai同志一行的项目准备
84	003922/13	머려이(Marjai) 동지가 덩샤오핑의 이름을 거론하지 않음. Marjai同志没有提到邓小平名字
84	003922/14	머려이(Marjai) 동지와 자오쯔양과 야오린 동지의 회동. Marjai同志会晤赵紫阳同志和姚依林同志
84	003922/15	내각 부수상의 중국 공식 방문에 관하여. 有关内阁副总理访问中国的情况
84	004294	헝가리-중국의 경제 관계에 대한 중국 지도급의 관심. 中国领导层关注匈牙利-中国的经济关系
84	005342	헝가리-중국 경제 관계의 문제점. 匈牙利-中国经济关系的问题
84	005342/1	헝가리-중국의 경제 관계에서의 발전 가능성. 匈牙利-中国经济关系发展的可行性
84	005606	헝가리 방문에 대해 국가계획위원회 주임인 국무위원 쑹핑의 일정. 国务委员兼国家计划委员会主任宋平访问匈牙利的日程提案

84	005606/1	중국 계획위원회 주임의 방문. 中国计划委员会主任访问
84	005606/2	중국 국가 계획위원회 의장의 헝가리 방문. 中国国家计划委员会主任访问匈牙利
84	001995	중국 농업은행 파견단의 예정된 헝가리 방문. 中国农业银行使团预计访问匈牙利
84	001995/1	중국 농업은행 파견단의 예정된 헝가리 방문. 中国农业银行使团预计访问匈牙利
84	001995/2	중국 농업은행 파견단의 예정된 헝가리 방문. 中国农业银行使团预计访问匈牙利
84	002439	헝가리-중국의 경제 회담에 관해 내각에 대한 보고. 内阁有关匈牙利-中国经济会谈的报告
84	002439/1	헝가리-중국의 경제 회담에 대한 내각의 결정문. 内阁有关匈牙利-中国经济会谈的决定
84	004961	중국 위안의 가치 하락. 中国人民币价值贬值
84	001098	산업 재건 협상을 위해 추중치를 단장으로 한 중국 사절단의 방문. Csu Zsung-csi为团长的中国使团为产业重建协商进行访问
84	001098/1	추중치를 단장으로 한 재건 파견단의 프로그램 준비. Csu Zsung-csi为团长的重建使团项目准备
84	001098/2	추중치를 단장으로 한 재건 파견단 프로그램에 대한 헝가리의 제안. 匈牙利有关以Csu Zsung-csi为团长的重建使团项目的提案
84	001098/3	중국 재건 파견단 단장 추중치(Csu Zsung-csi). 中国重建使团团长Csu Zsung-csi
84	001098/4	추중치(Csu Zsung-csi)의 헝가리 방문 준비. Csu Zsung-csi访问匈牙利准备工作
84	001098/5	추중치(Csu Zsung-csi)를 단장으로 한 파견단 방문에 대한 중국의 평가. 中国对Csu Zsung-csi为团长的使团访问的评价

84	001098/6	헝가리 방문에 대한 추중치(Csu Zsung-csi)의 의견. Csu Zsung-csi对访问匈牙利的意见
84	001816	헝가리 자동차 산업 전문가 파견 수용에 대한 중국의 일정 제안. 中国有关匈牙利汽车产业专家派遣接待日程的提案
84	001816/1	자동차 산업 파견단과 센리에추(Sen Lie-csu)의 회동. 汽车产业使团和Sen Lie-csu会晤
84	001816/2	자동차 산업 사절단의 중국 방문. 汽车产业使团访问中国
84	002049	꺼뽀이(Kapolyi) 동지의 중국 방문 일정. Kapolyi同志访问中国日程
84	002049/1	꺼뽀이(Kapolyi) 동지에 대한 중국의 초청장. 中国给Kapolyi同志的邀请函
84	002049/2	꺼뽀이(Kapolyi) 동지의 중국 방문. Kapolyi同志访问中国
84	002049/3	꺼뽀이(Kapolyi) 동지의 중국 방문에 대한 첫 번째 중국의 평가. 中国对Kapolyi同志访问中国的初次评价
84	002049/4	꺼뽀이(Kapolyi) 동지의 중국 방문에 관한 준비. Kapolyi同志访问中国相关准备
84	002049/5	꺼뽀이(Kapolyi) 동지의 중국 방문에 관한 보고. Kapolyi同志访问中国相关报告
84	004036	광산, 수자원 보호 분야에서 헝가리-중국의 협력 가능성. 匈牙利-中国有关矿山、水资源保护方面合作的可行性
84	004135	헝가리 국립은행과 중국은행의 관계. 匈牙利国立银行和中国银行的关系
84	005977	기계 산업 문제에 대한 헝가리-중국의 심포지움 계획. 匈牙利-中国有关机械产业问题专题讨论会的计划
84	006217	베이징의 헝가리의 날과 관계하여 시력 측정 이동 버스 건(件).

		北京举办的"匈牙利之日"活动中有关测定视力的移动公交车的情况
84	004372	헝가리-중국의 기술-학술 협력위원회 제23차 회의 준비. 匈牙利-中国技术、学术合作委员会第23次会议准备
84	004809	경제 상업 학술 및 기술 협력 위원회 의장에 대한 중국 측 기록. 中国有关商业学术、学术技术合作委员会主任的记录
84	0081	헝가리 방문에 대한 허캉 중국 농업부장의 구상. 中国农业部部长何康对访问匈牙利的构想
84	0081/1	헤강(He Kang) 중국 농업부장의 헝가리 방문 준비. 中国农业部部长何康访问匈牙利的准备
84	0081/2	허캉 농업부장의 헝가리 방문에 관한 중국 측 일정. 中国方面有关农业部部长何康访问匈牙利的日程
84	0081/3	반처(Váncsa) 동지에게 허캉 중국 농업부장의 회신. 中国农业部部长何康给Váncsa同志的回信
84	0081/4	허캉을 단장으로 한 사절단과 프로그램 구상. 何康为团长的使团和项目计划
84	0081/5	중국 농축어업부장의 헝가리 방문에 관한 보고. 中国农畜渔业部部长访问匈牙利报告
84	00219	중국-헝가리의 농업 협력에 관한 허캉(의 의견). 何康对中国-匈牙利农业合作(的意见)
84	002861	새로운 우편 합의 체결에 대한 헝가리 제안에 중국의 반응. 中国对匈牙利提议签署新邮政协议提案的反应
84	001693	중국과 몇몇 사회주의 국가의 무역 관계 추이. 中国和几个社会主义国家贸易关系的发展变化
84	002466	천모화 대외경제무역부 부장의 헝가리 방문 시기. 对外经济贸易部部长陈慕华访问匈牙利
84	002466/1	천모화 헝가리 방문에 대한 중국의 제안. 中国有关陈慕华访问匈牙利的提案

84	002466/2	천모화의 방문에 대한 중국의 프로그램 요청. 中国有关陈慕华访问的项目要求
84	002466/3	천모화의 접견 수준과 관련한 중국의 요청. 中国对接见陈慕华规格的要求
84	002466/4	중국 대외경제무역부 부장과 1984년 6월24일-29일 사이 진행된 회담에 대해. 中国对外经济贸易部部长在1984年6月24日-29日之间进行的会晤
84	003765	중국 대외경제무역부 부장의 폴란드 (방문) 프로그램. 中国对外经济贸易部部长(访问)波兰项目
84	003765/1	중국 대외경제무역부 부장의 폴란드 (방문) 프로그램. 中国对外经济贸易部部长(访问)波兰项目
84	004285/1	중국의 상업부장 방문 시기 수정 요청. 中国商业部部长访问日期更改请求
84	004385/2	중국 상업부장의 헝가리 방문 시기 제안. 中国商业部部长访问匈牙利日期提案
84	004285/3	중국 상업부장의 헝가리 방문 시기 제안. 中国商业部部长访问匈牙利日期提案
84	00265	중국 위생부 부장의 협력 제안. 中国卫生部部长合作提案
84	00265/1	보건 업무 협력에 대한 추이위에리의 구상. 崔月犁对卫生领域合作的构想
84	002372	추이위에리 위생부 부장의 헝가리 방문 계획. 卫生部部长崔月犁访问匈牙利计划
84	002372/1	추이위에리 위생부 부장의 헝가리 방문 제안. 卫生部部长崔月犁访问匈牙利提案
84	002372/2	중국 위생부 부장의 방문과 관련한 중국의 재촉. 中国有关中国卫生部部长访问的督促
84	002372/3	중국 위생부 부장 사절단의 구성. 中国卫生部部长使团构成

84	002372/4	중국 위생부 부장의 헝가리 방문. 中国卫生部部长访问匈牙利
84	002372/5	중국 위생부 부장의 헝가리 방문에 대한 보고. 中国卫生部部长访问匈牙利的报告
84	002372/6	중국 위생부 부장의 헝가리 방문. 中国卫生部部长访问匈牙利
84	003962	폴란드-중국의 보건장관 협력. 波兰-中国卫生部部长合作
84	005532	슐테이쓰 에밀(Schultheisz Emil)의 중국 위생부 부장 방문에 대한 준비. Schultheisz Emil就中国卫生部部长访问一事做准备
84	005532/1	슐테이쓰(Schultheisz) 동지의 중국 방문 준비. Schultheisz同志访问准备活动
84	005532/2	슐테이쓰(Schultheisz) 동지의 중국 방문 준비. 방문 시기. Schultheisz同志访问准备活动, 访问时期
84	005532/3	슐테이쓰(Schultheisz) 동지의 중국 방문 준비. 방문 시기. Schultheisz同志访问准备活动, 访问时期
84	005532/4	슐테이쓰(Schultheisz) 동지의 중국 방문 준비. 방문 시기. Schultheisz同志访问准备活动, 访问时期
84	001761	친선 사회주의 국가들과 중국의 문화-예술 관계. 友好社会主义国家和中国文化-艺术关系
84	001761/1	중국과 유럽 사회주의 국가들의 관계. 中国和欧洲社会主义国家的关系
84	00395	헝가리 교육부장과 중국 교육문화부장의 부처간 1984년도 계획. 匈牙利教育部和中国教育文化部部门间的1984年的计划
84	00395/1	마위치(Ma Jü-csi)의 보로쉬(Boros) 동지 방문. (헝가리에 대한) 중국의 문화대응 계획. Ma Jü-csi访问Boros同志 中国(有关匈牙利的)文化方面的应对计划

84	001761/2	지난 2년간 중국과 몇몇 사회주의 국가의 문화 및 언론 관계 추이. 过去两年间中国和几个社会主义国家文化及舆论关系发展变化
84	002369	뤼치시엔 문화부 부부장의 헝가리 방문 계획. 文化部副部长吕志先访问匈牙利计划
84	002369/1	중국 문화부 부부장의 프라하 방문 준비. 中国文化部副部长吕志先访问布拉格准备活动
84	002369/2	뤼치시엔 방문에 대한 헝가리의 회신 재촉. 匈牙利回信催促吕志先访问
84	002369/3	중국 문화부 부부장의 방문. 中国文化部副部长访问
84	003135	Csehszlovák érdeklődés az MTA és a KITA együttműködés után. 헝가리 학술원과 중국 학술원의 협력에 대한 체코슬로바키아의 관심. 捷克斯洛伐克对匈牙利学术院和中国学术院协作的关注
84	003325	중국의 지식인 정책과 문화 정책의 몇 가지 새로운 현상. 中国知识分子政策和文化政策的几个新现象
84	003474	동독-중국의 문화 협정. 东德-中国的文化协定
84	002611	중국방문 예술단 관련 헝가리-중국 문화 협력의 문제점. 与访问中国的艺术团有关的匈牙利-中国文化合作的问题
84	005607	헝가리 국가대표 사격 선수단의 중국 방문. 匈牙利国家射击代表团访问中国
84	006259	공보청 의장의 중국 방문 의향. 宣传部部长访问中国的意向
84	002186	신화사 통신원의 헝가리 통신사(MTI) 방문. 新华社通信员访问匈牙利通讯公司(MTI)
84	001661	중국 TV 촬영팀의 서면 초대장 재촉. 敦促中国电视摄制组书面邀请函

84	002966/1	헝가리-중국의 영사 합의. 匈牙利-中国领事协议
84	002966/2	헝가리-중국의 영사 합의. 匈牙利-中国领事协议
84	001653	영사 보고. 领事报告
84	005932	베이징 (헝가리) 대사관의 특송 우편 자료 활용. 北京(匈牙利)大使馆特快专递资料
84	003326	블라우만 페렌쯔(Blaumann Ferenc) 1등 서기관의 보고 요약. 一级秘书Blaumann Ferenc报告摘要
84	003327	미싸로쉬 샨도르(Mészáros Sándor) 2등 서기관 박사의 보고. 二级秘书Mészáros Sándor博士报告
84	004710	중국 운전기사의 장려금. 中国司机的奖金
84	001086/9-ig	베이징 도착 기밀문서 특송 우편 요약. 发往北京的特快专递机密文件摘要
84	001687/7-ig	베이징 출발 기밀문서 특송 우편 요약. 北京发出的特快专递机密文件摘要

Box 번호	문서번호	제목
86	002423	급여 조정 문제. 工资调整问题
86	001404/9-ig	꺼또너 러요쉬의 교통사고 건. Katona Lajos的交通事故
86	00964/5-ig	베이징 도착 기밀문서 특송 우편 요약. 发往北京的特快专递机密文件摘要
87	001284/9-ig	베이징 출발 기밀문서 특송 우편 요약. 北京发出的特快专递机密文件摘要
87	001242	중국과 관련된 정보. 有关中国的信息
87	001785	일본-중국 관계에서 예상되는 일들. 日本-中国关系的预测
87	001785/1	일본-중국의 관계. /라자르(Lázár) 동지의 일본 방문 관련/ 日本-中国关系 /Lázár同志访问日本/
87	001785/2	일본-중국의 관계에 대한 안내. 日本-中国关系的介绍
87	001785/3	중국-일본 관계에 관한 공식적 중국의 안내. 中国有关中国-日本关系的官方介绍
87	002023	헝가리-중국의 관계. 匈牙利-中国的关系
87	002023/1	중국-헝가리 관계에 대한 신임 중국 대외경제무역부 부장(의 의견). 新任中国贸易部部长对中国-匈牙利关系(的意见)
87	002023/2	헝가리-중국의 관계. 匈牙利中国的关系

87	002023/3	헝가리-중국의 관계에 관하여. 匈牙利-中国的关系
87	002023/4	헝가리-중국 관계에 대해 반처(Váncsa) 동지에게 전한 티엔지원 중국 부총리(의 견해). 向Váncsa同志转达的中国副总理田纪云有关匈牙利-中国关系(的意见)
87	002023/5	바르꼬니 삐떼르(Várkonyi Péter) 박사 동지의 소련 방문. /헝가리-중국 관계 일부 자료/ 博士Várkonyi Péter同志访问苏联 /匈牙利-中国关系的部分资料/
87	002023/6	헝가리-중국의 관계에 대한 짧은 개요. 有关匈牙利-中国关系的简短概要
87	002023/7	헝가리-중국의 관계에 대한 짧은 개요. 有关匈牙利-中国关系的简短概要
87	002023/8	바르꼬니 삐떼르(Várkonyi Péter) 박사와 보후슬라프 츠노우페크(Bohuslav Chnoupek) 동지의 회담에 대한 일부 자료. Várkonyi Péter同志和Bohuslav Chnoupek同志会谈的部分资料
87	002023/9	헝가리-중국의 관계에 대한 안내. 匈牙利-中国关系的介绍
87	002023/10	헝가리-중국의 관계에 대한 짧은 개요. 有关匈牙利-中国关系的简短概要
87	002023/11	헝가리-중국의 관계에 대한 짧은 개요. 有关匈牙利-中国关系的简短概要
87	002023/12	헝가리-중국의 관계에 대한 짧은 개요. 有关匈牙利-中国关系的简短概要
87	002023/13	헝가리-중국의 관계. 匈牙利-中国关系
87	002024	중국의 대내외 정책. 中国的内政外交政策

87	002024/1	중국 대내외 정책의 각각의 문제에 대한 소련의 의견. 苏联有关中国内政外交政策各个问题的意见
87	002421	중국의 외교 정책 노선의 변화. 中国内政外交政策路线中的变化
87	002494	동남아시아와 태평양지역에서 중국의 외교정책적 노력. 中国在东南亚和太平洋地区的外交努力
87	002494/1	동남아시아와 태평양 지역에서 중국의 외교정책적 노력. 中国在东南亚和太平洋地区的外交努力
87	002494/2	소련 대사관의 중국 평가. 中国对苏联大使馆的评价
87	002494/3	동남아시아 정책에 관하여. 东南亚政策
87	002861	중국의 외교정책. 中国的外交政策
87	002861/1	중국의 외교정책. 中国的外交政策
87	002861/2	중국의 외교정책. 中国的外交政策
87	002861/3	중국의 외교정책. 中国的外交政策
87	002861/4	중국의 외교정책. 中国的外交政策
87	002861/5	사회주의 청년동맹 중앙위원회에 안내 자료 송부. 寄送有关社会主义青年同盟中央委员会介绍资料
87	004460	중국 외교정책 예상 회의에 관한 안내. 中国外交政策预计会议的介绍
87	005055	중국과 동유럽 사회주의 국가들의 관계. /업무 회의/ 中国和东欧社会主义国家的关系 /工作会议/
87	005251	자오쯔양의 브라질리아 방문. 赵紫阳访问巴西利亚

87	005494	중국-조선 관계와 지역 상황에 대한 공식적 중국의 안내. 中国有关中朝关系和地区情况的官方介绍
87	001288	중국의 외교 정책에 관한 소련 대사의 평가. 苏联大使有关中国外交政策的评价
87	001288/1	중국의 외교 정책에 관한 베이징 소련 1등 서기관(의 의견). 驻北京苏联一级秘书有关中国外交政策战略(的意见)
87	001677	소련-중국의 관계에 대한 중국의 의견. 中国对苏联-中国关系的意见
87	001677/1	소련-중국 관계. /베이징 소련 대사관의 안내/ 苏联-中国关系 /北京苏联大使馆介绍/
87	001677/2	소련-중국 관계의 진전 가능성. /하노이 소련 외교관의 안내/ 苏联-中国关系取得进展的可能性 /驻河内苏联外交官介绍/
87	001677/3	소련-중국 관계의 최근 진전에 대한 소련 대사의 선(先) 평가. 苏联大使有关苏联-中国关系最近进展的评价
87	001677/4	소련-중국의 관계 상황과 그 추이. 苏联-中国的关系情况和发展变化
87	001677/5	중국과 연관된 관계에 대한 O. B. 라흐마닌(O. B. Rahmanyin)(의 의견). O. B. Rahmanyin对有关中国关系(的意见)
87	001677/6	소련-중국의 관계 추이에 관한 정보들. 苏联-中国关系发展变化的信息
87	001677/7	소련-중국 관계의 새로운 진전. 苏联-中国关系的新进展
87	001677/8	관계 개선을 위한 소련-중국의 회담 및 중국의 조건 평가. 苏联-中国有关改善关系的会晤及对中国对苏联提出的条件的评价
87	001677/9	소련-중국의 관계에 대한 안내. 苏联-中国关系的介绍

87	001677/10	소련-중국의 관계에 대한 안내. 苏联-中国关系的介绍
87	001677/11	소련-중국의 정책에 관한 고르바초프(의 의견). 戈尔巴乔夫有关苏联-中国(的意见)
87	001677/12	소련-중국 관계에 대해 베이징 소련 대사의 안내. 北京苏联大使有关苏联-中国关系的介绍
87	001677/13	1985년 소련-중국 관계의 발전. 1985年苏联-中国关系的发展
87	002180	중국의 아프리카에서의 역할에 대한 평가. 对中国在非洲作用的评价
87	002480	헝가리 베트남의 공동행사에서 중국 대리공사의 퇴장. 中国代理公使退出匈牙利越南共同举办的活动
87	002480/1	베트남 기념행사에서 행해진 비우호적인 발언에 대한 중국 참사관의 인지. 中国参事对越南纪念活动中的非友好发言的认识
87	001286	중국-미국의 정치적 관계에 대한 공식적 안내. 中美政治关系的公开介绍
87	00131	중국 지도자의 성명에 관해 베이징으로 귀국하는 주 폴란드 중국 대사(의 의견). 回国抵达北京的驻波兰中国大使对中国领导人声明(的意见)
87	00285	신임 중국 대사의 소개 인사 차 방문. 新任中国大使介绍及访问
87	002044	마리에 중국 대사의 방문. 中国大使马列访问
87	003918	신임 헝가리 무관에게 아그레망 수여. 向新任匈牙利武官授予认可
87	004030	마리에 중국 대사의 까다르(Kádár) 동지 이임 방문. 中国大使马列离任访问Kádár同志
87	004030/1	마리에 중국 대사의 이임 방문. 中国大使马列离任访问

87	00675	베이징 헝가리 대사의 중국(군) 사령부 부부장의 만찬 참가. 驻北京匈牙利大使参加中国(军队)司令部副部长招待晚宴
87	00133	중국의 언론 비서, 첸궈엔과의 회동에 대하여. /바냐쓰 레죄(Bányász Rezső)의 중국 방문/ 与中国新闻秘书Chen Guoyan会晤 /Bányász Rezső访问中国/
87	00133/1	바냐쓰 레죄(Bányász Rezső) 동지의 중국 방문. Bányász Rezső同志访问中国
87	001038	헝가리 방문에 대한 리펑 중국 부총리의 일정 제안. 中国副总理李鹏访问匈牙利日程提案
87	001038/1	리펑의 헝가리 방문 일정 합의. 李鹏访问匈牙利日程协商
87	001038/2	리펑의 헝가리 방문 일정 합의. 李鹏访问匈牙利日程协商
87	001038/3	리펑의 헝가리 방문 일정 합의. 李鹏访问匈牙利日程协商
87	001038/4	리펑의 헝가리 방문 일정 합의. 李鹏访问匈牙利日程协商
87	001038/5	리펑의 지방 프로그램 요청. 李鹏的地方项目要求
87	001038/6	리펑의 방문을 공개적으로 알림. 公开李鹏访问
87	001038/7	까다르(Kádár) 동지에 리펑의 회동 요청. 李鹏要求与Kádár同志会晤
87	001038/8	리펑 부총리의 프로그램 요청. /첸치천 외교부 부부장의 알림/ 副总理李鹏对项目要求 /外交部副部长钱其琛通知/
87	001038/9	리펑 중국 부총리의 방문과 관련된 안내 자료 송부. 邮寄中国副总理李鹏访问相关资料

87	001038/10	리펑부총리와 예정된 회담에 대한 안건 제안. /라자르 (Lázár) 동지에게/ 与副总理李鹏会谈的议题提案 /Lázár同志/
87	001038/11	리펑 부총리의 접견에 대해 라자르(Lázár) 동지에게 제안. 给Lázár同志有关接待副总理李鹏的提案
87	001038/12	리펑 부총리의 동독 방문. 副总理李鹏访问东德
87	001038/13	리펑 부총리의 방문. 李鹏副总理访问
87	001038/14	리펑 중국 부총리의 방문. 中国副总理李鹏访问
87	001038/15	아보이모프(Aboimov) 소련 대사의 방문. 苏联大使Aboimov访问
87	001038/16	리펑 중국 국무원 부총리의 공식 헝가리 방문에 대해 내각에 보고. 内阁有关中国国务院副总理李鹏正式访问匈牙利的报告
87	001038/17	중국 부총리의 헝가리 공식 방문에 관하여. 有关中国副总理李鹏正式访问匈牙利
87	001038/18	리펑 중국 부총리의 방문. 中国副总理李鹏访问
87	001047	중국의 고위급 방문. 中国高层访问
87	001765	중국 총리의 이란 방문. 中国总理访问伊朗
87	001944	중국 외교부 부장의 동유럽 방문 계획. 中国外交部部长访问东欧计划
87	001944/1	중국 외교부 부장의 예정된 유럽 사회주의 국가들 방문. 中国的外交部长预计访问的欧洲社会主义国家
87	002740	리펑의 동독 방문. /선(先) 안내/ 李鹏访问东德 /先前介绍/

87	002740/1	호네커(Honecker) 동지의 리펑 접견. Honecker同志接待李鹏
87	002995/1-ig	예루젤스키(Jeruzelski)와 리펑 중국 부총리의 회동. Jeruzelski会晤中国副总理李鹏
87	003492	중국 총리의 서독 방문. /1985년 6월 8일-16일/ 中国总理访问西德 /1985年6月8日-16日/
87	003492/1	자오쯔양의 서독 방문. 赵紫阳访问西德
87	004069	리셴녠의 캐나다 방문. 李先念访问加拿大
87	004229	리셴녠 중국 국가주석의 미국 방문. 李先念主席访问美国
87	004672	1986년 고위급 방문에 대한 베이징 헝가리 대사관의 제안. 驻北京匈牙利大使馆有关1986年高层访问的提案
87	005251/1-ig	자오쯔양 총리의 라틴 아메리카 순방. /1985년 10월 31 일-11월 15일) 赵紫阳总理巡访拉丁美洲 /1985年10月31日-11月15日/
88	005251/2	중국-라틴 아메리카의 관계. 中国-拉丁美洲的关系
88	005858	중국 부총리의 리비아 방문. 中国副总理访问利比亚
88	002030	태국-중국의 관계. /중국 국가주석의 방문/ 泰国-中国的关系 /中国主席访问/
88	002030/1	태국-중국의 관계. 泰国-中国的关系
88	002030/2	태국-중국의 관계. 泰国-中国的关系
88	002030/3	중국의 지역 정책 및 양국 관계에 대한 태국의 평가. 泰国对中国地区政策及两国关系的评价

88	00737	헝가리-중국의 의회 관계 개선. 匈牙利-中国议会关系的改善
88	00737/1	헝가리 의회 파견단의 중국 초청. 中国邀请匈牙利议会使团
88	00737/2	헝가리 의회 파견단의 중국 초청에 대한 회신. 匈牙利议会使团对中国邀请的回信
88	00737/3	헝가리 의회 파견단의 중국 방문 연기. 匈牙利议会使团访问中国延期
88	00737/4	베이징 헝가리 대리공사의 전국인민대표대회 외사국 방문. 北京匈牙利代理公使访问全国人民代表大会外事局
88	00737/5	헝가리 의회 파견단의 방문 일시 제안. 匈牙利议会使团访问日程提案
88	002506	중국 전국인대 위원장의 일본 방문. 中国全国人大委员长访问日本
88	002659	중국 외교부 부부장 접견에 대한 바르꼬니(Várkonyi) 동지에게 제안. 发给Várkonyi同志有关接见中国外交部副部长的提案
88	002659/1	마리에 중국 대사의 방문. 中国大使马列访问
88	002659/2	바르꼬니(Várkonyi) 동지에 대한 회담 안건 요약. /첸치 천 중국 외교부 부부장/ 有关Várkonyi同志的会谈议题摘要 /中国外交部副部长钱其琛/
88	002659/3	첸치천 외교부 부부상과 예정된 회담에 대한 회담 안건 준비. /로슈꺼(Roska) 동지/ 有关和外交部副部长钱其琛预定会谈的议题准备 /Roska同志/
88	003135	우쉐첸 외교부 부장의 반둥 방문에 관한 공식적 중국의 안내. 中国有关外交部部长Vu Hszüecsien访问万隆的正式介绍

88	004193	유엔(UN)에서 사회주의 국가의 동료들과 중국 외교부 부장의 예정된 회동. 社会主义国家的部长们和中国外交部部长预定在联合国会晤
88	005522	제4차 일본-중국 장관 회의. 第四次日本-中国领导人会议
88	003745	중국과 헝가리의 상호 관계 형성 계획. /1986년-1990년/ 中国和匈牙利相互关系形成计划 /1986年-1990年/
88	003825	베이징의 헝가리 대사, 이반 라쓸로(Iván László) 동지의 1985년 보고. 驻北京匈牙利大使, Iván László同志1985年报告
88	003825/1	이반 라쓸로(Iván László) 대사의 보고. Iván László大使的报告
88	005396	호른(Horn) 동지의 중국 협의. Horn同志中国协议
88	005396/1	호른(Horn) 동지의 중국 협의. Horn同志中国协议
88	005396/2	호른(Horn) 동지의 프로그램에 대한 중국의 제안. 中国对Horn同志项目的提案
88	004408	중국의 국가 경축일에 대한 동독의 지난 해 축하 행사. 东德去年在中国国庆日的庆祝活动
88	004462	중국에서 거행된 항일전쟁 승리 제40주년 기념 행사. 中国举办抗日战争胜利40周年纪念活动
88	004560	중국의 국가 경축일 /10월 1일/ 행사에 대한 소련의 준비. 苏联有关中国国庆节/10月1日/活动的准备
88	002739	중국의 내정. 中国的内政
88	002739/1	중국의 내정. 中国的内政
88	002739/2	중국의 내정. 中国的内政

88	002739/3	중국의 내정. 中国的内政
88	002739/4	중국의 내정. 中国的内政
88	002739/5	중국의 내정. 中国的内政
88	003384	중국 국가 지도부의 연령층이 낮아짐. 中国国家领导人年龄层降低
88	001906	헝가리의 당(黨)총회와 관련하여 취해질 수 있는 중국의 조치에 대한 중국 외교관의 암시. 中国外交官针对匈牙利党总会中国可采取行动的暗示
88	003169	중국 공산당 대표의 오스트레일리아 방문. 中国共产党代表访问澳大利亚
88	003907	중국 공산당 파견단과 진행된 회담에 관한 포르투갈 공산당 중앙위원회의 안내. 葡萄牙共产党中央委员会有关与中国共产党使团进行会晤的介绍
88	004284	중국 공산당 9월 전국 당(黨)대회의 계획 일정. 中国共产党9月中国共产党代表大会计划日程
88	004284/1	중국 공산당의 전국 당(黨)대회에 관한 선(先) 평가. 对中国共产党代表大会的预先评价
88	004284/2	중국 공산당의 전국 당(黨)대회 평가. /1985년 9월/ 对中国共产党全国大会的评价 /1985年9月/
88	004284/3	중국의 당(黨)대회와 양국 관계에 대한 조선의 평가. 朝鲜对中国共产党代表大会和两国关系的评价
88	004284/4	중국 공산당 9월 회의에서 진행한 인적 변화의 몇 가지 양상. 中国共产党9月会议中进行的人事变化的几个现象
88	005684	중국 고위급 당 파견단의 유고슬라비아 방문. 中国共产党高层使团访问南斯拉夫

88	005490	헝가리 직업동맹전국평의회(SZOT) 파견단의 중국 방문. 匈牙利职业同盟全国评议会(SZOT)使团访问中国
88	003133	헝가리-중국의 청년 관계. 匈牙利-中国的青年关系
88	004337	불가리아-중국의 관계에서 자매 주(州)(또는 자매 도(道))에 대한 계획이 없음. 保加利亚-中国的关系中没有关于友好省份的计划
88	004231	중국의 교회청(敎會廳). 中国宗教事务局
88	003199	미끌로쉬 임레(Miklós Imre) 동지의 중국 출장. Miklós Imre同志出差去中国
88	003199/1	(헝가리) 국가교회청 파견단의 중국 출장 보고. (匈牙利)国家教会使团出使中国的报告
88	001537	중국-베트남 대항의 전망에 대한 소련의 평가. 苏联对中国-越南对抗前景的评价
88	003304	중국 군대의 인원 감축 원인. 中国缩减军队人员的原因
88	00104	하노이 중국 대사의 발언. 驻河内中国大使的发言
88	00257	베이징의 헝가리 및 체코슬로바키아 전시회의 선(先) 평가. 对北京匈牙利及捷克斯洛伐克展会的预先评价
88	001285	1984년의 중국 경제. 1984年中国经济
88	001285/1	최근의 전국인민대표대회 회의에 비추어 본 중국 경제 상황의 추이에 대하여. 最近全国人民代表大会反映出的中国经济情况发展变化
88	001285/2	경제 문제에 관한 중국 정부 관료의 안내. 中国政府人员有关经济问题的介绍
88	001285/3	1985년 상반기의 중국 경제. 1985年上半年中国经济

88	001618	중국 경제 개혁에 대한 오스트레일리아의 반응. 澳大利亚对中国经济改革的反应
88	001618/1	중국의 경제 및 경제 개혁 상황에 대한 개관. 中国经济及经济改革情况的概况
88	001618/2	중국의 경제 개혁 노력과 헝가리의 판단. 中国经济改革努力和匈牙利的判断
88	001618/3	중국의 경제 개혁 상황과 전망에 대하여. 中国经济计划情况及展望
88	001850	경제 개혁에 관한 덩샤오핑의 연설. 邓小平有关经济改革的讲话
88	002201	제3차 전국인민대표대회 제3차 회의에 관한 선(先) 평가. 对全国人民代表大会第3次会议的事先评价
88	004238	동유럽 경제 개혁에 관한 중국의 의견. 中国对东欧经济改革的意见
88	004253	중국 기계산업부장에 헤띠니 이슈뜨반(Hetényi István) 박사의 서신 전달. 中国机械产业部转达给Hetényi István博士的书信
89	005497	중국의 특별 경제특구. 中国经济特区
89	003572	중국과 유럽경제공동체. 中国和欧洲经济共同体
89	003572/1	유럽경제공동체(EGK)와 중국이 체결한 무역정책과 경제 협력 협약. /독일어 자료/ 欧洲经济共同体(EGK)和中国间缔结的贸易政策及经济合作和约 /德语资料/
89	00175	중국 국가계획위원회 주임인 쑹핑 국무위원과 진행한 회담에 관해 펄루비기 러요쉬(Faluvégi Lajos)가 내각에 보고. Faluvégi Lajos有关国务委员兼中国计划委员会主任宋平会谈的报告

89	00175/1	중국 계획위원회 주임의 헝가리 방문에 관하여. 中国计划委员会主任访问匈牙利
89	00187	동독에서 중국 사절단의 회담들. 中国使节团在东德会谈
89	001088	중국과 진행되는 헝가리 경제 협력의 현안들. /경제위 원회 위원회의 결정: 헝가리-중국의 경제 관계 발전에 대하여/ 中国和匈牙利经济合作问题/经济委员会议决定：匈牙利-中 国的经济关系发展/
89	001449	헝가리 경제 전문가들의 중국 출장. 匈牙利经济专家去中国出差
89	002036/2-ig	1986년-90년에 대한 헝가리-중국의 장기 물품교환 합의 서명에 관하여. 匈牙利-中国签署1986年-90年长期物品交换协议签名
89	002272	중국과 장기 무역 협의에 관한 체코슬로바키아-불가리 아의 준비 회담. 捷克斯洛伐克-保加利亚有关中国和长期贸易协议的准备会 谈
89	002838	헝가리-중국의 경제 관계. 匈牙利-中国的经济关系
89	002867/1-ig	리펑의 폴란드 프로그램 II. 李鹏波兰项目II
89	002868	야오이린 중국 부총리의 모스크바 방문 준비. 中国副总理姚依林准备访问莫斯科
89	002868/1	야오이린의 모스크바 방문. /베이징 소련 대사의 평가/ 姚依林访问莫斯科 /驻北京苏联大使评价/
89	002868/2	야오이린 부총리의 모스크바 방문에 관한 소련의 안내. 苏联有关中国副总理姚依林访问莫斯科的介绍
89	004468	중앙통계청 청장과 중국 부총리 야오이린의 회동. 中央统计厅厅长会晤中国副总理姚依林

89	005575	리펑에게 머려이(Marjai) 동지의 서신 전달. Marjai同志向李鹏转达书信
89	003499	야오이린 중국 부총리의 헝가리 국립은행 부총재 페께떼 야노쉬(Fekete János) 동지 접견. 中国副总理姚依林接见匈牙利国立银行副总裁Fekete János
89	004151	중국 철강산업부 부장의 방문 연기. 中国冶金工业部部长访问延期
89	004151/1	신임 중국 철강산업부 부장. 新任中国冶金工业部部长
89	003289	소련-중국의 기술-학술 협력 출범. 苏联-中国的技术、学术协作出台
89	004995	체코슬로바키아-중국의 경제, 무역 및 학술-기술 협력 위원회의 제1차 회의. 捷克斯洛伐克-中国的经济, 贸易及学术技术协作委员会第1次会议
89	003493	헝가리-중국의 경제, 무역 및 기술-학술 협력위원회 제1차 회의. 匈牙利-中国的经济, 贸易及技术-学术协作委员会第1次会议
89	004621	중국 농축수산업 부장의 폴란드 방문. 中国农业部部长访问波兰
89	003494	(헝가리) 농식품 장관의 중국 방문. (匈牙利)农产品部长访问中国
89	005576	전국수자원청 청장 초청장을 치엔쳉핑(Csien Cseng-fing)에게 전달. 全国水资源厅厅长邀请函转达给Csien Cseng-fing(?)
89	002992	중국 우정부장의 방문 준비. 中国邮政负责人访问准备
89	005932	브뤼셀의 유럽경제공동체-중국의 무역 주간(週間). 布鲁塞尔欧洲经济共同体-中国贸易周

89	001704	중국과 관련된 소피아의 무역 조정 회의에서 헝가리의 발언 초안. 中国与索菲亚贸易协调会上匈牙利的发言草案
89	001800	베이징 상무관의 인원 확충. 北京商务官人员扩充
89	0021	부다페스트에서 성과 있는 무역 회담에 대한 준비. 布达佩斯贸易会谈准备工作
89	004213	광저우에서 사회주의 국가로부터의 내년 수입에 관한 심포지움. 广州召开的有关社会主义国家来年收入的专题讨论会
89	001789	유하르 Z.(Juhár Z.) 상업상(相)의 중국 방문 일시. 商业部部长Juhár Z.访问中国
89	001789/1	유하르 졸딴(Juhár Zoltán) 상업상(相)에 대한 중국의 프로그램 제안. 中国向商业部部长Juhár Zoltán的项目提案
89	005505	회사 대표들과 전문가들의 법적 지위. 公司代表和专家法律地位
89	001448	중국에서 임금 인상. 中国提高工资
89	004016	헝가리-중국의 교육과 문화 관계 상황과 발전 가능성. 匈牙利-中国教育文化关系情况及发展的可能性
89	004016/1	1985년 11월 27일의 장관 회의에 보고. 1985年11月27日长官会议报告
89	004016/2	헝가리-중국 문화 관계의 몇 가지 문제점. 匈牙利-中国文化关系的几个问题
89	001287	당의 지식인 정책. 党的知识分子政策
89	004302	헝가리-중국의 문화 협정 갱신. 匈牙利-中国文化协定更新
89	004302/1	헝가리-중국의 문화 협정 갱신. 匈牙利-中国文化协定更新

89	002829	주무즈 중국 문화부장의 방문. 中国文化部部长朱穆之访问
89	002948	중국의 장학생 정책. 中国的奖学金政策
89	002477	헝가리-중국의 교육 문제. 匈牙利-中国的教育问题
89	003412	국제문화연구소 파견단의 1985년 5월 22일-6월 4일 사이 중국과 일본 방문에 관한 출장 보고. 国际文化研究所使团1985年5月22日-6月4日间中国及日本访问相关的出差报告
89	001594	중국의 라디오-텔레비전 부장에 대한 헝가리의 제안. 匈牙利有关中国广播电视的提案
89	002752	헝가리 통신사(MTI) 파견단의 중국 방문에 관한 보고. /1985년 4월 6일-13일/ 匈牙利通讯公司(MTI)使团访问中国相关报告 /1985年4月6日-13日/
89	002752/1	헝가리 통신사(MTI) 파견단의 중국 방문에 관한 보고. 匈牙利通讯公司(MTI)使团访问中国相关报告
89	004655	바냐쓰 레죄(Bányász Rezső) 동지의 중국 방문에 대한 자료. Bányász Rezső同志访问中国相关资料
89	004655/1	바냐쓰 레죄(Bányász Rezső) 박사 동지에게 안내 자료 발송. 向博士Bányász Rezső同志邮寄介绍资料
89	004655/2	바냐쓰 레죄(Bányász Rezső)와 우쉐첸 중국 외교부 부장의 회동. Bányász Rezső会晤中国外交部部长吴学谦
89	004655/3	중국 공식 방문에 대한 보고. /바냐쓰 레죄(Bányász Rezső) 박사 동지. 1985년 11월 19일-30일의 방문/ 有关中国正式访问的报告/博士BányászRezső同志, 1985年11月19日-30日访问/

89	004552	로숀치 빨 동지의 중국 신화사(新华社) 인터뷰. Losonczi Pál et同志接受中国新华社采访
89	001283	1984년 영사 보고. 1984年领事报告
89	00933	베이징 (헝가리) 대사관의 보고 활용에 대하여. 驻北京(匈牙利)大使馆报告活动
89	002424	보조 임레(Bozsó Imre) 3등 서기관의 보고 요약. 三级秘书Bozsó Imre的报告摘要
89	003134	끄러쓰너이 마르똔(Krasznai Márton) 동지의 보고 요약. /1984년 5월-1985년 5월1일/ Krasznai Márton同志报告摘要 /1984年5月-1985年5月1日/
89	003343	베이징 헝가리 대사관의 참사관 욜슈버이 샨도르 (Jolsvai Sándor) 동지의 당해 보고 요약. 驻北京匈牙利大使馆参事Jolsvai Sándor当年报告摘要
89	003826	블라우만 페렌쯔(Blaumann Ferenc) 1등 서기관의 1985년 (업무에 대한) 보고 요약. 一级秘书Blaumann Ferenc1985年(有关工作)报告摘要
89	004230	베이징(헝가리 대사관) 문화 담당 관원의 보고 요약. 驻北京(匈牙利大使馆)文化负责人报告摘要

Box 번호	문서번호	제목
84	00488/7-ig	베이징 도착 기밀문서 특송 우편 요약. 发往北京的特快专递机密文件摘要
84	00944/6-ig	베이징 출발 기밀문서 특송 우편 요약. 北京发出的特快专递机密文件摘要
84	008	헝가리-중국의 관계. 匈牙利-中国的关系
84	008/1	헝가리-중국의 관계. 匈牙利-中国的关系
84	008/2	헝가리-중국의 관계. 1986년 3월. 匈牙利-中国的关系 1986年3月
84	008/3	헝가리-중국의 관계. 1986년 5월. 匈牙利-中国的关系 1986年5月
84	008/4	헝가리-중국의 관계. 匈牙利-中国的关系
84	008/5	헝가리-중국의 관계. 匈牙利-中国的关系
84	008/6	헝가리-중국의 관계에 대해 니카라과의 정보 요청. 尼加拉瓜获取有关匈牙利-中国关系的信息的请求
84	008/7	헝가리-중국의 관계. 1986년 9월. 1986年9月 匈牙利-中国的关系
84	008/8	헝가리-중국의 관계에 대한 간단한 개요. /머로티(Maróty) 동지에게/ 有关匈牙利-中国的关系的简短概要 /Maróty同志/
84	008/9	헝가리-중국의 관계. 1986년 10월. 1986年10月匈牙利-中国的关系

84	008/10	헝가리-중국의 관계. 1986년 10월. 1986年10月匈牙利-中国的关系
84	00465	중국의 외교정책. 中国的外交政策
84	00465/1	중국의 외교정책. 中国的外交政策
84	00465/2	중국의 외교정책. 中国的外交政策
84	00465/3	중국의 외교정책. 中国的外交政策
84	00465/4	중국의 외교정책. 1986년 10월. 1986年10月中国的外交政策
84	00465/5	중국의 외교정책. 1986년 12월. 1986年12月中国的外交政策
84	00465/6	중국의 외교정책에 대한 중국 공산당 중앙위원회 외사 국 부국장 리베이하이(의 의견). 中国共产党中央委员会外事局副局长Li Beihai对中国外交政 策(的意见)
84	00683	몽골-중국 관계의 현안. 蒙古-中国关系的问题
84	00683/1	몽골-중국 관계의 추이. /1985년 11월-1986년 1월/ 蒙古-中国关系发展变化 /1985年11月-1986年1月/
84	00683/2	몽골-중국 관계의 일부 문제점들. 蒙古-中国关系的部分问题
84	00683/3	몽골-중국의 관계. /소련의 비공식 전언/ 蒙古-中国关系 /苏联非公开传闻/
84	00683/4	몽골-중국 관계의 상황. 蒙古-中国关系情况
84	001118	소련-중국 관계에 대한 베이징 소련 대사의 안내. 北京苏联大使对苏中关系的介绍

84	001118/1	중국과 소련의 관계 상황 및 전망. 苏联-中国关系情况及展望
84	001118/2	소련-중국 관계에 대한 베이징의 신임 소련 대사(의 의견). 北京新任苏联大使对苏联-中国关系(的意见)
84	001118/3	소련-중국 관계에 대한 미국의 평가. 美国对苏联-中国关系的评价
84	001118/4	중국-소련 관계에 대한 모스크바의 중국 1등 서기관(의 의견). 莫斯科中国一级秘书对中国-苏联关系(的意见)
84	001118/5	소련-중국의 관계 정상화와 관련한 인도의 고민. 印度苦恼苏联-中国关系正常化
85	002227	중국-일본의 관계. 中国-日本关系
85	002227/1	중국-일본 관계에 대한 공식적 중국의 안내. 中国对中国-日本关系的正式介绍
85	002227/2	중국-일본 관계에 대한 공식적 중국의 안내. 中国对中国-日本关系的公开介绍
85	002256	중국과 사회주의 국가 관계의 추이. 中国和社会主义国家关系的发展变化
85	002256/1	중국과 사회주의 국가들 관계에 대한 후야오방(의 의견). 胡耀邦对中国和社会主义国家间关系(的意见)
85	002693	인도차이나에 관하여. 중국과 미국, 중국과 서유럽의 관계. 有关中南半岛情况, 中国-美国、中国-西欧的关系
85	002693/1	중국과 서유럽의 관계. 中国-西欧的关系
85	002694	중국과 인도차이나 국가. 中国和中南半岛国家
85	002695	전국인민대표대회 1986년 회의에서 수용한 외교정책 프로그램의 분석. 1986年全国人民代表大会中确立的外交政策项目分析

85	005438	동남아시아와 태평양 지역에서의 외교 정책적 노력. 东南亚太平洋地区外交努力
85	005519	중국-미국 관계에 대한 중국의 공식평가. 中国对中国-美国关系的正式评价
85	00978	중국과 유럽 사회주의 국가들의 관계. 中国与欧洲社会主义国家的关系
85	002769	우쉐첸 중국 외교부 부장의 특징. 中国外交部部长吴学谦的特点
85	005039	티라나(Tirana, 알바니아의 수도)의 신임 중국 대사. 地拉那(阿尔巴尼亚首都)新任中国大使
85	005521	보츠꺼이 동지가 업무상 처음 경험한 것, 중국의 당해 경제 활동에 관한 보고. Bocskai同志第一次工作会晤的经历, 中国当年经济活动相关报告
85	003232	숭젠 국무위원의 폴란드 방문. 国务委员宋健访问波兰
85	004098	후야오방의 프랑스 방문에 관하여. 胡耀邦访问法国
85	004163	자오쯔양 중국 총리의 유고슬라비아 방문. 中国总理赵紫阳访问南斯拉夫
85	004308	몽골-중국 외교부 부부장의 회담. 蒙古-中国外交部副部长会晤
85	004308/1	몽골-중국의 외교부 부부장 회담, 회의의 각각 관련 내용. 蒙古-中国外交部副部长会晤, 会议相关内容
85	004308/2	리자오싱 중국 외교부 부부장의 몽골 방문. 中国外交部副部长李肇星访问蒙古
85	004683	달라이 라마(dalai láma)의 소련 방문에 관한 정보. dalai láma访问苏联相关信息
85	004915	자오쯔양 중국 총리의 1987년 예정된 동유럽 방문. 中国总理赵紫阳预定1987年访问东欧

85	004815/1	중국 총리의 방문 일시에 관하여. 中国总理访问日期
85	005133	중국-불가리아의 상호 고위층 방문 계획. 中国-保加利亚高层互访计划
85	005200	중국 총리의 조선 방문. /1986년 10월 3일-6일/ 中国总理访问朝鲜 /1986年10月3日-6日/
85	005201	까다르(Kádár) 동지의 중국 방문 및 자오쯔양의 헝가리 방문 가능성에 대한 중국의 타진. 中国对Kádár同志访问中国和赵紫阳访问匈牙利的可能性试探
85	005520	톈지원 부총리의 아세안 국가 순방. 副总理田纪云寻访亚洲国家
85	00386	리펑 중국 부총리의 불가리아 방문. 中国副总理李鹏访问保加利亚
85	00466	중국 기술자연맹/CAST/ 파견단의 단장인 저페이위안과의 회담에 대하여 머로티 라쓸로(Maróthy László) 부수상 동지에 보내는 의제 요약. 发给副首相Maróthy László同志有关会晤中国技术者联盟(CAST)使团团长Csou Pej-jüan的议题摘要
85	00548	고르바초포(Gorbacsov)-리펑 회동. Gorbacsov会晤李鹏
85	00548/1	고르바초프(Gorbacsov) 동지가 리펑에게 제기한 제안들에 대한 중국의 회신. 中国对Gorbacsov同志给李鹏提案的回信
85	00687	바냐쓰 레죄(Bányász Rezső) 차관보의 중국 공식 방문에 관한 보고. 长官助理Bányász Rezső正式访问中国的报告
85	00786	펄루비기(Faluvégi) 동지의 중국 방문 준비. Faluvégi同志访问中国的准备
85	00786/1	펄루비기(Faluvégi) 동지의 중국 방문 준비. Faluvégi同志访问中国的准备

85	00786/2	펄루비기(Faluvégi) 동지의 중국 방문에 대한 중국의 일정 제안. 中国有关Faluvégi同志访问中国的日程提案
85	00786/3	펄루비기(Faluvégi) 동지에 대해 중국의 프로그램 제안. 中国对Faluvégi同志的项目提案
85	00786/4	펄루비기(Faluvégi) 동지의 베이징 회담에 관한 선(先) 안내. 有关Faluvégi同志北京会晤的介绍
85	00786/5	펄루비기(Faluvégi) 동지와 후치리 중앙위원회 서기의 대화. Faluvégi同志和中央委员会秘书胡启立的对话
85	00786/6	중국과 회담에 대하여 내각에 펄루비기 동지의 보고. /1986년 8월 21일-31일/ Faluvégi同志向内阁报告与中国的会谈情况 /1986年8月21日-31日/
85	003368	전국인민대표대회 사절단의 방문 일정 제안. 全国人民代表大会使团访问日程提案
85	003368/1	중국의 전국인민대표대회-헝가리와 중국의 의회 관계. 中国全国人民代表大会-匈牙利和中国的议会关系
85	003368/2	중국의 전국인민대표대회 사절단의 방문. 中国全国人民代表大会使团访问
85	005096	중국의 전국인민대표대회 사절단의 체코슬로바키아 방문. 中国全国人民代表大会使团访问捷克斯洛伐克
85	005096/1	중국의 전국인민대표대회 사절단의 슬로바키아 방문. 中国全国人民代表大会使团访问捷克斯洛伐克
85	00416	삐떼르 야노쉬(Péter János) 동지를 단장으로 한 의회 파견단에 대한 중국의 접견 준비 완료. 中国接见以Péter János同志为团长的议会使团准备活动结束
85	00416/1	의회 파견단의 방문 가을로 연기. 议会使团访问延期到秋季

85	00416/2	전국인민대표대회 상무위원회 서기처 서기의 의회 파견단 상호 방문 제안. 全国人民代表大会常务委员会书记处书记的议会使团相互访问提案
85	00416/3	헝가리 의회 파견단의 중국 방문. 匈牙利议会使团访问中国
85	003052	중국 외교부 부장의 방문에 관한 스웨덴의 안내. 瑞典有关中国外交部部长访问的介绍
85	003089	중국 외교부 부장의 아일랜드 방문. 中国外交部部长访问爱尔兰
85	003118	중국 외교부 부장의 벨기에 방문. 中国外交部部长访问比利时
85	003208	동독에서 중국 외교부 부장의 일정. 中国外交部部长在东德的日程
85	003208/1	중국 외교부 부장의 베를린 회담에 관한 동독의 긴급 안내. 东德有关中国外交部部长柏林会谈的紧急介绍
85	003441	중국 외교부 부장의 베를린 회담에 관한 동독 외무성 국장이 안내. 东德外交部局长有关中国外交部部长柏林会谈的介绍
85	003441/1	중국 외교부 부장의 동독 방문에 관하여. 中国外交部部长访问东德
85	004966	중국 외교부 부부장의 하바나 방문. 中国外交部副部长访问哈瓦纳
85	007/1	중국에서 진행된 회담에 관한 보고. 有关在中国进行会晤的报告
85	007001972	호른 쥴러(Horn Gyula) 동지에 대하여 첸치천 외교부 부부장과의 회담의제 요약. Horn Gyula同志会晤外交部副部长钱其琛的会谈议题摘要
85	007001972	헝가리 방문에 대한 중국 외교부장의 일정 제안. 中国外交部长访问匈牙利日程提案

85	001972/1	중국 외교부 부장의 방문에 대한 헝가리의 접견 준비 완료 통보. 匈牙利接见中国外交部长准备活动完成的通报
85	001972/2	우쉐첸 중국 외교부 부장의 헝가리 방문에 대한 자료 요청. 对中国外交部部长吴学谦访问匈牙利的资料请求
85	001972/3	중국 외교부 부장의 수행 일행과 요청 프로그램. 中国外交部部长随行人员及要求项目
85	001972/4	중국 대사의 방문. 中国大使访问
85	001972/5	중국 외교부 부장의 헝가리 방문에 대해 내각에 보고. 给内阁的有关中国外交部部长访问匈牙利的报告
85	001972/6	우쉐첸의 헝가리 방문에 대한 중국의 평가. 中国对吴学谦访问匈牙利的评价
85	001972/7	헝가리-중국의 외교부 부장 회담 기록. 匈牙利-中国外交部部长会晤记录
85	001972/8	까다르 야노쉬(Kádár János), 라자르 죄르지(Lázár György) 동지에 대한 안내. /중국 외교부 부장의 헝가리 방문/ 有关Kádár János, Lázár György同志的介绍/中国外交部部长访问匈牙利/
85	001972/9	우쉐첸 외교부 부장과 라자르 죄르지(Lázár György) 동지의 대화. 外交部部长吴学谦和Lázár György同志的对话
85	001972/10	우쉐첸 외교부 부장과 까다르 야노쉬(Kádár János) 동지의 대화. 外交部部长吴学谦和Kádár János同志的对话
85	001972/11	정치위원회와 내각에 보고. 给政治委员会和内阁的报告
85	001972/12	중국 외교부 부장과의 회담에 대해 M. 니클라스(M. Niklas) 동독 외무성 국장과 오스카 피셔(Oskar Fischer)의 발언.

		东德外交部部长M. Niklas和OskarFischer有关和中国外交部部长会谈的发言
85	005479	중국 외교부에 라자르(Lázár) 동지의 초청장 수여. 中国外交部给予Lázár同志邀请函
86	005479/1	라자르(Lázár) 동지의 초청에 대한 자오쯔양의 회신. 赵紫阳对Lázár同志邀请的回信
86	005479/2	자오쯔양 중국 총리의 유럽 사회주의 국가의 예정된 방문에 관하여. 有关中国总理赵紫阳预定访问欧洲社会主义国家的相关情况
86	005479/3	자오쯔양 총리의 헝가리 방문에 대한 중국 측 일정 제안. 中国方面有关赵紫阳总理访问匈牙利的日程提案
86	005179	중국 참사관의 뻐떠끼(Pataki) 동지 방문. 中国参事访问Pataki同志
86	002974	대사 보고. /1986년/ 大使报告 /1986年/
86	002455	소련-중국 외교부 부부장의 협의에 관한 중국의 안내. 中国有关苏联-中国外交部部长协议的介绍
86	00464	중국의 내정. 中国的内政
86	00464/1	1985년 주요 국내 정치 사안의 전개에 관하여. 1985年主要国家政治事件的展开
86	00464/2	중국의 내정. 中国的内政
86	00464/3	중국의 내정상황에 대하여. 中国的内政
86	00464/4	중국의 내정 상황에 대하여. 中国的内政
86	00464/5	중국의 내정 상황에 대하여. 中国的内政

86	00464/6	중국의 내정 상황에 대하여. 中国的内政
86	00464/7	중국의 내정 상황에 대하여. 中国的内政
86	001619	헝가리사회주의노동자당과 중국 공산당 간 1986년의 당 접촉. 1986年间匈牙利社会主义工人党和中国共产党的接触
86	002972	중국 공산당과 체코슬로바키아 中国共产党和捷克斯洛伐克
86	001198	불가리아와 동독에 대하여 사회주의 청년동맹 관계 재건에 대한 중국의 제안. 中国有关修复保加利亚和东德社会主义青年同盟关系的提案
86	003628	후야오방의 서독 방문. 胡耀邦访问西德
86	003628/1	중국 공산당 총서기의 서독 방문. 中国共产党总书记访问西德
86	003985	동유럽 정당등과 중국 공산당의 당 접촉. /중국의 입장/ 东欧政党和中国共产党间的接触 /中国的立场/
86	005522	중국 공산당 중앙위원회 1986년 9월 28일의 전체회의. 中国共产党中央委员会1986年9月28日全体大会
86	005643	동유럽 정당들과 중공 중앙위원회 사이의 관계. /리슈청(Li Su cseng)의 방문/ 东欧政党和中国共产党中央委员会之间的政党关系 /Li Su cseng访问/
86	005889	중국 공산당 대외연락부 파견단의 체코슬로바키아 방문. 中国共产党对外联络部使团访问捷克斯洛伐克
86	005794	중국 노동조합 파견단의 체코슬로바키아 방문. 中国工会使团访问捷克斯洛伐克
86	004831	중국 교회청(敎會廳)파견단의 방문. 中国宗教局使团访问

86	003430/4-ig	헝가리-중국의 법적 조력 합의. 匈牙利-中国法律助力协议
86	005812	중국의 공안. /홍콩 언론에 게재된 정보에 기초하여/ 中国的公安 /基于香港媒体登载的信息/
86	002348	중국의 군축 제안에 대한 소련의 평가. 苏联对中国裁军提案的评价
86	002348/1	군축 문제에 대한 중국의 입장. 中国在裁军问题上的立场
86	0087	불가리아-중국의 경제 관계. /리펑의 불가리아 방문/ 保加利亚-中国的经济关系 /李鹏访问保加利亚/
86	0087/1	불가리아-중국의 경제 관계. /리펑의 불가리아 방문/ 保加利亚-中国的经济关系 /李鹏访问保加利亚/
86	0087/2	중국-불가리아 경제 관계 최근의 전개. 中国-保加利亚经济关系的最近开展
86	002973	중국의 경제 정책에 대한 소련 공산당 제27차 총회의 예상 영향. 苏联共产党第27次大会预计会对中国经济政策产生的影响
86	004238	중국-알바니아의 관계. 中国-阿尔巴尼亚的关系
86	004489	알바니아로 중국의 화학비료 운반. 中国向阿尔巴尼亚运送化肥
86	005162	소련-중국의 경제 관계의 발전. /베이징, 모스크바-베를린의 항공 노선 계획/ 苏联-中国经济关系发展 /北京, 莫斯科-柏林的航线计划/
86	005926	중국 경제의 1986년 결과에 대한 선(先) 자료들. 1986年中国经济成果的预测资料
86	002536	중국과 유럽경제공동체. 中国和欧洲经济共同体
86	002536/1	중국과 유럽경제공동체. 中国和欧洲经济共同体

86	002536/2	유럽경제공동체-중국의 경제 관계 추이. 欧洲经济共同体-中国的经济关系发展变化
86	001769	헝가리-중국의 경제, 무역 및 기술-학술 협력 과제에 대하여. 匈牙利-中国的经济、贸易及技术、学术合作课题
86	001769/1	리펑 부총리의 머려이(Marjai) 동지에 대한 회신. 副总理李鹏给Marjai同志的回信
86	002696	헝가리-중국의 경제 관계 상황과 문제점. 匈牙利-中国经济关系情况和问题
86	002696/1	경제 협력 문제와 관련하여 중국 대외경제무역부의 입장. 中国对外贸易部对经济合作问题的立场
86	002696/2	헝가리-중국의 경제 관계 문제들. /중국어 자료/ 匈牙利-中国的经济关系问题 /汉语资料/
86	003480	중국 공산당 중앙위원회의 경제정책 연구 파견단의 헝가리 방문 계획. 中国共产党中央委员会经济政策研究使团访问匈牙利计划
86	003726	중국 국가 경제위원회 주임인 뤼동의 체코슬로바키아 방문. 中国国家经济委员会主任Lü Dong访问捷克斯洛伐克
86	00942	중국의 경제학자 파견단. /1986/ 中国经济学者使团 /1986/
86	00943	해외 자본 투자에 대한 중국의 안내 자료 요청. 有关海外资本投资的中国介绍资料的请求
86	003963	중국 위안화의 가치 다시 하락. 人民币再次贬值
86	003021	중국의 관세 체계. /(헝가리) 관세청 파견단에 대한 베이징 헝가리 대사관의 제안/ 中国关税体系 /北京匈牙利大使馆有关(匈牙利)关税厅的提案/

86	003602	헝가리 특산품에 대한 중국의 관심. 中国对匈牙利特产的关注
86	003053	폴란드-중국의 경제 및 학술-기술 위원회 바르샤바 회의. 波兰-中国经济及学术、技术委员会华沙会晤
86	003231	중국 국가학술 및 기술 위원회 의장의 프라하 회담. 中国国家学术、技术委员会主任布拉格会谈
86	00590	쑹젠 국무위원에 대한 헝가리 방문 제안. /띠띠니 빨 (Tétényi Pál) 동지에게/ 匈牙利有关国务委员宋健的访问提案 /Tétényi Pál同志/
86	00590/1	중국의 해당 기관의 상대방인 쑹젠에 대한 전국기술진 흥위원회(OMFB) 의장의 초청. 全国技术振兴委员会(OMFB)议长对中国相对应部门负责人 宋健的邀请
86	00590/2	쑹젠 국무위원의 헝가리 방문 /전국기술진흥위원회 (OMFB)/ 준비. 国务委员宋健访问匈牙利准备活动 /全国技术振兴委员会 (OMFB)/
86	00590/3	쑹젠의 헝가리 방문에 대한 준비. /프로그램 요청/ 宋健访问匈牙利的相关准备 /项目要求/
86	00590/4	중국 국무위원이자 학술-기술 국가위원회 주임인 쑹젠 동지와 진행한 학술-기술 회담에 대한 보고. 有关中国国务委员兼学术、技术国家委员会主任宋健同志 进行的学术、技术会谈的报告
86	001375/1-ig	헝가리-중국의 경제, 무역 및 기술-학술 협력위원회 제 2차 회의의 태도에 대한 보고. 匈牙利-中国经济、贸易及技术、学术协作委员会第2次会议 态度的报告
86	001540	헝가리-중국의 기술-학술 협력위원회 공동의장의 질의. 匈牙利-中国技术、学术协作委员会共同议长的提问
86	003835	헝가리-중국의 식물보호 합의. 匈牙利-中国保护植物协议

86	003835/1	헝가리-중국의 식물보호 협력에 관한 합의 승인. 有关匈牙利-中国保护植物合作协议的认可
86	0059	중국 수자원부 초청. 中国水利部的邀请
86	003827	버스 공장 개축 실현에 대한 중국의 제안. 中国对公共汽车工厂重建的提案
86	001720	헝가리-중국 항공 합의. 匈牙利-中国航空协议
86	002196	우르반 러요쉬(Urbán Lajos) 교통상의 중국 방문 결과. 交通部部长Urbán Lajos访问中国结果
86	002196/1	헝가리-중국의 교통 회담에 관한 보고. 匈牙利-中国交通会谈报告
86	001720/1	헝가리와 중국 정부 간 민간 항공 교통에 관한 합의. 匈牙利和中国政府间的民用航空交通协议
86	002339	중국의 소비 상품 수입. 中国消费商品收益
86	003838	냉장고 압축기(콤프레서) 공장 개축에 대한 중국의 제안. 中国对冰箱气压计工厂重建的提案
86	00413	1986년 동독-중국의 물품교환 및 지불 서명. 1986年东德-中国物品交换及支付协议的签署
86	004149	헝가리의 (수출입) 조정 체계와 관련된 헝가리-중국의 교역량. 匈牙利(进出口)调整体系的调整与匈牙利-中国的交易额
86	00286	동독에서 중국의 청년 노동자의 고용. 东德雇佣中国青年劳动者
86	00286/1	동독에서 중국의 고용자들. /동독-중국의 합의/ 东德的中国雇员 /东德-中国协议/
86	00286/2	중국 노동자들의 동독 취업에 관한 정부 합의. 政府有关中国劳动者在东德就业的协议
87	00981	헝가리-중국 문화 협력 관련 1985년에 경험한 것. 1985年匈牙利-中国文化合作的经验

87	002252	헝가리-중국의 문화-교육 관련 상황에 대한 회담을 위해 중국을 방문하는 라뜨꺼이(Rátkai) 동지. Rátkai同志因出席匈牙利-中国的文化教育情况会谈访问中国
87	002253	헝가리와 중국 사이 문화-학술 및 교육 협력에 관한 합의. 匈牙利和中国间的文化、学术教育合作协议
87	00409	동독-중국의 고등 교육 관계. 东德-中国高等教育关系
87	003474	헝가리에서 중국 교육 파견단의 수용. 匈牙利接待中国教育使团
87	001517	(헝가리의) 인민해방일보(Népszabadság) 2월 24일자, 캄보디아에 관한 기사와 관련하여 중국의 인지. 中国对(匈牙利)人民解放日报2月24日有关柬埔寨报道的认识
87	005909	중국 외교부의 언론국 국장의 방문. 中国外交部媒体局局长访问
87	00494/14-ig	헝가리-중국의 영사 합의. 匈牙利-中国领事协议
87	001061	1985년의 영사 보고. 1985年领事报告
87	00102	대사관의 6개월간 주요 사업 평가. 大使馆6个月间主要工作评价

Box 번호	문서번호	제목
78	00265	중국의 대내외 정책에 관한 모스크바의 중국 신문기자(의 의견). 莫斯科的中国新闻记者对中国内政外交政策(的意见)
78	00591	불가리아-중국의 1986년 관계. 1986年保加利亚-中国的关系
78	00593	소련-중국 관계에 대한 베이징 소련 대사관 참사관(의 의견) 北京苏联大使馆参事官对苏联-中国关系(的意见)
78	00593/1	소련의 관계. /유엔의 베이징 지역 감축 회의에서 소련의 파견단/ 苏联的关系 /联合国北京地区(武器)消减会议中的苏联使团/
78	00593/2	소련-중국의 관계. 苏联-中国的关系
78	002407	중국 외교 정책의 새로운 전개. 中国外交政策的新开展
78	002407/1	중국의 외교 정책. 中国的外交政策
78	002407/2	중국의 외교 정책. 中国的外交政策
78	002407/3	중국의 외교 정책. 中国的外交政策
78	002407/4	중국의 외교 정책에 관한 안내. 中国外交政策介绍
78	003821	중국의 동남아시아 정책에 관한 안내. 中国东南亚政策介绍

78	004019	자오쯔양의 체코슬로바키아 방문에 비추어 본 체코슬로바키아의 중국에 대한 평가. 赵紫阳访问捷克斯洛伐克反映出的捷克斯洛伐克对中国的评价
78	004807	소련-중국 협상 제11차 회의에 관한 안내. 第11次苏联-中国协商会议介绍
78	004807/1	소련-중국의 협상에 관한 로가초프(Rogacsov) 동지의 안내. Rogacsov同志对苏联-中国协商的介绍
78	004807/2	소련-중국의 정치협상 제11차 회의에 관한 소련의 안내. 苏联对第11次苏联-中国政治协议会议的介绍
78	005737	핵 감축과 캄보디아 문제에 대한 중국의 입장. 中国对核裁军和柬埔寨问题的立场
78	001673	극동 상황에 대한 소련-중국의 협의 회담. 苏联-中国协议有关近东情况的会谈
78	00196	허버시 페렌쯔(Havasi Ferenc)의 방문에 대한 중국의 일정 제안. 中国对Havasi Ferenc访问日程的提案
78	00196/1	중국의 지도자들과 나눈 허버시(Havasi) 동지의 회담. Havasi同志会晤中国领导人
78	00196/2	중국 공산당 중앙위원회 1987년 1월 16일의 확대회의에 관해 자오쯔양이 허버시(Havasi) 동지에게 전한 안내. 赵紫阳向Havasi同志转达的中国共产党中央委员会1987年1月16日扩大会议的介绍
78	001064	중국 공산당 총서기 대리와 정부 의장의 헝가리 방문. 中国共产党代理总书记和人大委员访问匈牙利
78	001064/1	자오쯔양 방문에 대한 자료 요청. 邀请赵紫阳访问的资料
78	001364/2	자오쯔양의 방문에 관하여 중국 외교부에서 사전 회의. 中国外交部召开赵紫阳访问准备会议

78	001064/3	중국 공산당 총서기이자 국무원 총리인 자오쯔양 동지의 헝가리 방문에 대한 자료 요청. 邀请中国共产党总书记兼政府总理赵紫阳同志访问匈牙利的资料
78	001064/4	자오쯔양 방문 준비에 관한 중국의 안내. 中国对赵紫阳访问准备的介绍
78	001064/5	자오쯔양 동지의 요청 일정. 赵紫阳同志访问要求的日程
78	001064/6	자오쯔양의 헝가리 프로그램 및 회담 의제에 대한 제안. 赵紫阳访问匈牙利的活动日程及会谈议题的提案
78	001064/7	웬치아파오(Ven Csia-pao) 중국 공산당 중앙위원회 판공실 주임. /자오쯔양의 방문 준비/ 中国共产党中央委员会中央办公厅主任温家宝 /赵紫阳访问准备/
78	001064/8	자오쯔양의 체코슬로바키아 방문. 赵紫阳访问捷克斯洛伐克
78	001064/9	자오쯔양 동지의 방문과 관련하여 외씨 이슈뜨반(Őszi István) 동지에게 문서 발송. 向Őszi István同志发送有关赵紫阳同志访问的材料
78	001064/10	쒸뢰쉬(Szűrös) 동지에게 회담 의제 요약 발송. /자오쯔양의 방문/ 给Szűrös同志发送会谈议题摘要 /赵紫阳访问/
78	001064/11	자오쯔양 동지와 예정된 회담에 대해 로숀치 동지의 의제 요약. 罗숀치同志与赵紫阳同志预定会谈的议题摘要
78	001064/12	라자르(Lázár György) 동지에게 회담 의제 요약 발송. /자오쯔양 방문/ 给Lázár György同志发送会谈议题摘要 /赵紫阳访问/
78	001064/13	라자르 죄르지(Lázár György) 동지에게 안내 자료 발송. /자오쯔양의 방문/ 给Lázár György同志发送介绍资料 /赵紫阳访问/

78	001064/14	중국 공산당 총서기 대리의 헝가리 방문. 中国共产党代理总书记访问匈牙利
78	001064/15	자오쯔양의 헝가리 방문에 관한 중국 지도부의 평가. /주안캉 중국 대사의 안내/ 中国领导层对赵紫阳访问匈牙利的评价 /中国大使朱安康的 介绍/
78	001757	중국 공산주의청년단 중앙위원회 제1서기의 동독 방문. 中国共产主义青年团中央委员会一级秘书访问东德
78	002427	자오쯔양 동지의 동독 접견. 东德接待赵紫阳同志
78	002427/1	자오쯔양 방문에 관한 동독의 안내. 东德对赵紫阳访问的介绍
78	002427/2	자오쯔양의 베를린 회담에 대한 중국의 안내. 中国对赵紫阳柏林会谈的介绍
78	002427/3	자오쯔양의 방문에 대한 독일통일사회당(NSZEP) 외사 처 국장(의 의견). 德国统一社会党(NSZEP)外事局局长对赵紫阳访问(的意见)
78	003057	야오이린의 모스크바 회담에 관한 소련의 안내. 苏联对姚依林的莫斯科会谈的介绍
78	003447	자오쯔양의 프라하 회담에 대한 체코 공산당 중앙위원 회 외사국 부국장(의 의견). 捷克共产党中央委员会外事局副局长对赵紫阳布拉格会谈 (的意见)
78	003625	덩샤오핑의 개혁과 중국 공산당 지도부의 연령이 낮아 진(젊어진) 것에 대하여. /유고슬라비아 당지도부와의 대화/ 邓小平改革及中国共产党领导层年轻化 /与南斯拉夫政党领 导层的对话/
78	003903	자오쯔양의 파키스탄 방문. 赵紫阳访问巴基斯坦

78	003984	머로티(Maróty)-자오쯔양 회동. Maróty会晤赵紫阳
78	004051	까다르(Kádár) 동지의 중국 방문 일시 제안. 中国有关Kádár同志访问日程提案
78	004051/1	까다르(Kádár) 동지의 중국 방문 준비. 中国有关Kádár同志访问的准备活动
78	004051/2	까다르(Kádár) 동지의 중국 방문 준비. 中国有关Kádár同志访问的准备活动
78	004051/3	까다르(Kádár) 동지의 방문에 대한 중국의 일정 제안. 中国对Kádár同志访问日程的提案
78	004051/4	까다르(Kádár) 동지의 일정에 대해 준비 그룹의 토론. 对Kádár同志日程的小组讨论
78	004051/5	까다르(Kádár) 동지의 베이징 방문 반응. Kádár同志访问北京
78	005470	리셴녠 중국 국가주석의 이탈리아 방문. 中国主席李先念访问意大利
78	005624	리셴녠 중국 국가주석의 벨기에 방문. 中国主席李先念访问比利时
78	001855	헝가리-중국의 관계. 匈牙利-中国的关系
78	002578	자오쯔양의 바르샤바 방문 준비. 赵紫阳访问华沙的准备
78	002578/1	자오쯔양의 폴란드 방문 프로그램. 赵紫阳访问波兰的活动日程
78	002578/2	자오쯔양의 방문에 관한 폴란드의 안내. 波兰对赵紫阳访问的介绍
78	002578/3	자오쯔양의 폴란드 방문에 관하여. /폴란드의 안내/ 有关赵紫阳访问波兰 /波兰介绍/
78	00792	헝가리 의회 사절단의 일시 제안에 대한 (중국 측의) 확인. (中国方面)确认匈牙利议会使团日程提案

78	00792/1	헝가리 의회 사절단의 중국과 조선 방문 연기 제안. 匈牙利议会使团中国、朝鲜访问延期提案
78	00792/2	헝가리 의회 파견단의 중국 방문 연기. 匈牙利议会使团访问中国延期
78	001641	너지 가보르(Nagy Gábor) 동지에 대한 첸치천(Csien Csi-csen) 중국 외교부 부부장의 환영 저녁 만찬. /중국-소련, 중국-미국 관계/ 中国外交部副部长钱其琛为NagyGábor同志举办欢迎晚宴/中国-苏联, 中国-美国关系/
78	001596	우쉐첸의 체코슬로바키아 방문. 吴学谦访问捷克斯洛伐克
78	001596/1	체코슬로바키아-중국의 외교부 부장 회담. 捷克斯洛伐克-中国外交部部长会谈
78	001596/2	우쉐첸의 체코슬로바키아 방문에 관한 울란바토르 체코슬로바키아 대사(의 의견). 驻乌兰巴托的捷克斯洛伐克大使对吴学谦访问捷克斯洛伐克(的意见)
78	001596/3	중국 외교부 부장의 체코슬로바키아 방문. 中国外交部部长访问捷克斯洛伐克
78	002534	우쉐첸 중국 외교부 부장의 서독 방문. 中国外交部部长吴学谦访问西德
78	002609	중국 외교부 부장의 소피아 방문. /불가리아 외무성에서 안내/ 中国外交部长访问索菲亚 /保加利亚外交部的介绍/
78	003519	중국 외교부 부부장의 헝가리 방문 가능성. 中国外交部副部长访问匈牙利的可能性
78	004273	유엔(UN) 총회 기간 중 바르꼬니(Várkonyi) 박사 동지와 우쉐첸 중국 외교부 부장 회동에 회담 의제 요약. 联合国大会期间博士Várkonyi同志会晤中国外交部部长吴学谦的议题摘要

78	004589	유엔(UN) 총회 기간 중 바르꼬니(Várkonyi) 동지와 우쉐첸의 회동. 联合国大会期间Várkonyi同志会晤吴学谦
78	001291	헝가리-중국의 관계에 대한 안내. 匈牙利-中国关系介绍
78	001291/1	헝가리-중국의 관계에 대한 안내. 匈牙利-中国关系介绍
78	001291/2	헝가리-중국의 관계. 匈牙利-中国关系
78	001291/3	헝가리-중국의 관계에 대한 안내. 匈牙利-中国关系介绍
78	001291/4	헝가리-중국의 관계. /그로쓰 까로이(Grósz Károly) 동지의 바르샤바 회의에 대한 자료 요청/ 匈牙利-中国关系 /Grósz Károly同志华沙会议资料要求/
78	001291/5	헝가리-중국의 당(黨) 및 국가 간(間) 관계에 대한 안내. 匈牙利-中国的政党及国家间的关系介绍
78	002640	헝가리-중국의 정치 관계. 匈牙利-中国的政治关系
78	005171	까다르 야노쉬의 방문과 중국 공산당 제13차 대회 및 소련의 외교 정책에 관한 중국 외교관(의 의견). KádárJános访问、中国共产党第13次代表大会、及苏联外交官对苏联外交政策(的意见)
79	002903	이반 라쓸로(Iván László) 대사의 보고. /베이징, 1987년/ Iván László大使的报告 /北京, 1987年/
79	004804	헝가리-중국의 외교 협력에 대한 제안. 匈牙利-中国的外交合作提案
79	00797	주안캉 중국 대사의 방문. 中国大使朱安康访问
79	002053	중국의 상황에 대한 정보. 有关中国情况的信息

79	001292	중국의 내정에 관한 안내. 对中国内政的介绍
79	001292/1	중국의 내정 상황에 대하여. 中国的内政情况
79	001292/2	중국 내정 상황의 일정 의문점. 中国内政情况的部分疑问
79	001292/3	중국의 내부 상황에 대한 중국 외교부 언론국 국장의 의견. 中国外交部媒体局局长对中国内部情况的意见
79	001292/4	중국의 내정 상황에 대한 딸러쉬 버르너(Tálas Barna)의 보고. Tálas Barna对中国内政情况的报告
79	001292/5	중국의 내정 상황. 中国的内政情况
79	001292/6	중국의 내정. 中国的内政
79	001292/7	중국의 내정. 中国的内政
79	001292/8	중국의 내정에 대한 안내. 中国内政的介绍
79	002639	전국인민대표대회 제5차 회의. 全国人民代表大会第5次会议
79	0036	중국 학생 시위 평가. 对中国学生示威的评价
79	0036/1	중국 학생 시위에 대한 미국의 평가. 美国对中国学生示威的评价
79	004613	티베트에서 분리주의자들의 시위. 藏独分子在西藏的示威
79	004613/1	티베트 사건 분석. 西藏事件分析

79	00210	후야오방의 교체에 대한 정보.
		有关替换胡耀邦的信息
79	00210/1	후야오방 문제 이후 그의 생활.
		胡耀邦出现问题之后他的生活
79	00791	중국공산당 중앙위원회 확대회의의 평가.
		对中国共产党中央委员会扩大会议的评价
79	001005	중국 공산당 파견단의 케냐 방문.
		中国共产党使团访问肯尼亚
79	001865	불가리아-중국과 폴란드-중국의 당 관계 정비.
		保加利亚-中国, 波兰-中国的政党关系再整理
79	004432	중국 공산당 대회 준비에 대한 인도의 평가.
		印度对中国共产党代表大会准备的评价
79	004432/1	중국 공산당 제13차 대회에 대한 선(先) 평가.
		对中国共产党第13次代表大会的评价
79	004432/2	중국 공산당 제13차 대회에 대한 몽골의 평가.
		蒙古对中国共产党第13次代表大会的评价
79	004432/3	중국 공산당 제13차 대회에 대한 본(Bonn)의 평가.
		Bonn对中国共产党第13次全体会议的评价
79	004432/4	중국 공산당 제13차 대회에 대한 선(先) 평가.
		对中国共产党第13次全体会议的评价
79	004432/5	중국 공산당 제13차 대회에 대한 체코슬로바키아의 선(先) 평가.
		捷克斯洛伐克对中国共产党第13次全体会议的评价
79	004432/6	중국 공산당 제13차 대회에 대한 베트남의 의견.
		越南对中国共产党第13次代表大会的意见
79	004432/7	중국 공산당 제13차 대회.
		中国共产党第13次代表大会
79	001672	1986년 중국 공산당의 대외 관계.
		1986年中国共产党的对外关系
79	002902	중국 공산당에 대한 안내.
		中国共产党的介绍

79	00151	소련-중국 국경회담에 대한 중국의 준비.
		中国对苏联-中国国境会谈的准备
79	00151/1	소련-중국의 회담에 대한 소련의 평가.
		苏联对苏联-中国会谈的评价
79	00151/2	소련-중국 국경회담 제1차 회의에 대한 소련의 안내.
		苏联对苏联-中国国境会谈第1次会议的介绍
79	00151/3	소련-중국 국경회담 제2차 회의.
		苏联-中国国境会谈第2次会议
79	002638	중국의 경제 상황.
		中国的经济情况
79	002718	중국과 유럽경제공동체.
		中国和欧洲经济共同体
79	002641	소련-중국의 경제 관계.
		苏联-中国的经济关系
79	002641/1	헝가리-중국의 경제 협력 문제. /산업부 자료에 대한 인지/
		匈牙利-中国经济合作问题 /对产业部资料的认识/
79	002641/2	헝가리-중국의 경제, 무역 관계 상황과 문제점.
		匈牙利-中国的经济, 贸易关系情况和问题
79	004245	합동위원회의 부다페스트 회의에 대한 중국 공동의장의 일시 제안.
		中国共同议长对协同委员会布达佩斯会议日程的提案
79	002652	2000년까지에 대한 헝가리-중국 경제 협력 합의 준비. /자오쯔양의 방문/
		截止到2000年匈牙利-中国经济合作协议的准备 /赵紫阳访问/
79	002652/1	2000년까지에 대한 헝가리-중국 경제 협력 합의 준비.
		截止到2000年匈牙利-中国经济合作协议的准备
79	005181	헝가리-중국의 경제, 무역 및 기술-학술 협력위원회 제3차 회의의 회담 기본 원칙.
		匈牙利-中国的经济、贸易和技术、学术协作委员会第3次会议会谈的基本原则

79	005181/1	헝가리-중국의 경제, 무역 및 기술-학술 협력위원회 제3차 회의에 관한 보고. 匈牙利-中国的经济、贸易和技术、学术协作委员会第3次会议的报告
79	00110	헝가리의 개혁에 관한 중국의 의견. 中国对匈牙利改革的意见
79	005539	중국과 국제 외환시장. 中国和国际外汇市场
79	005691	헝가리 설비 구매에 대한 중국의 제안. 中国对匈牙利购买设备的提案
79	00592	중국의 바이오 기술. 中国的生物技术
79	002514	중국의 디지털 센터. 中国的数据中心
79	00595	서구의 통신 설비 구매와 관련한 중국의 제안. 中国对购买西方通讯设备的提案
79	005459	중국에서 일반 도로 차량 제작과 헝가리의 협력 가능성. 中国普通道路车辆的制造和匈牙利合作的可行性
79	00492	헝가리-중국의 물품교환. 匈牙利-中国的物品交换
79	002746	이카루쓰(IKARUSZ-헝가리의 버스 제작 회사) 버스에 대한 중국의 불만. 中国对IKARUSZ(匈牙利公共汽车制造公司)公共汽车的不满
79	002901	중국의 무역에 대한 안내. 中国贸易介绍
79	002642	헝가리-중국의 문화, 교육 협력 상황. 계속된 발전을 위한 제안. 匈牙利-中国的文化、教育合作情况, 为了持续发展的提案
79	002642/1	헝가리-중국의 교육 관계. 匈牙利-中国的教育关系

79	002642/2	헝가리-중국의 문화 관계. /문화-학술국의 요청/ 匈牙利-中国的文化关系 /文化学术局的邀约/
79	002642-3	헝가리-중국의 문화 협력에서 문제점들. 匈牙利-中国文化合作的问题
79	002642-4	문화와 교육 분야에서 수행한 베이징 헝가리 대사관의 활동 평가. 驻北京匈牙利大使馆举行的文化教育方面活动的评价
79	002642-5	헝가리-중국의 문화, 교육 협력 문제에 대한 부처간 협의. 部门间有关匈牙利-中国的文化、教育合作的部门间协议
79	002770	헝가리-중국 문화 관계의 재정 문제. 匈牙利-中国文化关系的财政问题
79	004187	일정 합의 없이 중국으로 출장. 没有经过事先协议，去中国出差
79	003788	(헝가리) 전국청년체육청 청장(廳長)의 중국 방문. (匈牙利)全国青年体育厅厅长访问中国
79	001127	헝가리 잡지, "헝가리 소식(Magyar Hirlap)"에 실린 중국에 관한 기사로 인한 중국의 친선 의지 인지. 中国对匈牙利杂志"匈牙利消息"刊登的有关中国报道的认识
79	001662	중국의 총영사관 운영. 中国总领事馆的运营
79	001701/2-ig	베이징 (헝가리) 대사관의 1986년 영사 보고. 北京(匈牙利)大使馆1986年领事报告
79	00175	보츠꺼이(Bocskai) 동지의 보고와 관련하여 국제경제관계사무국(NGKT)의 인지. 国际经济关系事务局(NGKT)对Bocskai同志的报告的认识
79	001170	베이징의 헝가리 대사관에 대한 연간 (사업) 지도. 北京匈牙利大使馆年度(工作)指导
79	002188	문서자료 발송-수령에 관해 작성한 목록 보고. 有关文书资料发送-收取的目录报告

79	001362/4-ig.	베이징 도착 기밀문서 특송 우편 요약. 发往北京的特快专递机密文件摘要
79	00590-7-ig.	베이징 출발 기밀문서 특송 우편 요약. 北京发出的特快专递机密文件摘要
79	004471	중국에 대한 코콤(COCOM, 대공산권수출통제위원회) 특혜. /미국, 일본-중국의 비밀 회의) COCOM(巴黎统筹委员会)对中国的特惠 /美国、日本、中国 的秘密会议/

Box 번호	문서번호	제목
57	0044	오세아니아 지역에서 중국의 관계. 中国在大洋洲地区的关系
57	00184/9-ig	중국의 외교 정책에 관한 안내. 对中国外交政策的介绍
57	00950/2-ig	중국-미국 관계에 대한 중국 참사관(의 의견). 中国参赞对中国-美国关系的意见
57	002728	중국과 아세안 국가들의 관계. 中国与东盟国家的关系
57	002729	중국-서유럽의 관계. 中国-西欧的关系
57	002861	뉴욕에서 바르꼬니(Várkonyi) 동지의 중국 외교부 부장 회동. /군축 관련 유엔(UN) 총회/ Várkonyi同志在纽约会晤中国外交部部长 /联合国有关裁军的大会/
57	003203/5-ig	소련-중국 관계의 정리 예상. /티엔쳉(Tien Cseng)의 모스크바 방문/ 苏联-中国关系的预测 /Tien Cseng访问莫斯科/
57	003588/1-ig	체코슬로바키아-중국의 외교 협력에 관한 체코슬로바키아 외무성의 안내. 捷克斯洛伐克外交部对捷克斯洛伐克-中国外交合作的介绍
57	004071	중국과 극동 국가의 관계. 中国和近东国家的关系
57	004226	서신 알림. 书信通知

57	001042/16-ig, 001436/86	성급(省級) 중심도시 상하이에 총영사관 개설. 在省级中心城市上海设立总领馆
57	002864/2-ig	베이징 헝가리 대사의 리펑 총리에 대한 이임 방문. 驻北京匈牙利大使离任前, 访问李鹏总理
57	003630	니메트 이반(Németh Iván) 동지와 중국 외교부 부부장의 회동. /중국의 대내외 정책에 관한 티엔청페이(의 의견)/ NémethIván同志会晤中国外交部副部长/外交部副部长田曾佩对中国内政外交政策(的意见)/
57	003630/1	니메트 이반(Németh Iván) 동지의 신임장 제정이 늦어짐. Németh Iván同志递交国书日期推迟
57	003630/2	니메트 이반(Németh Iván) 동지의 소개 인사 차 중국 외교부 부장 방문. /중국-남한 관계/ Németh Iván同志访问中国外交部部长 /中国-南韩的关系/
57	003630/3	헝가리 대사의 소개 인사 차 방문 시, 대내외 정책의 의문점들에 대한 중국 공산당 중앙위원회 대외연락부 국장인 주량(의 의견). 匈牙利大使介绍访问时, 中国共产党中央委员会对外联络部部长朱良对内政外交政策问题(的意见)
57	003630/4	리펑의 그로쓰(Grósz) 동지 초청. 李鹏邀请Grósz同志
57	003630/5	헝가리-중국 교역에 관한 중국 대외경제무역부장(의 의견). 中国贸易部部长对匈牙利-中国交易(的意见)
57	003321/1-ig	중국 공산당의 중앙위원회, 정치국, 상무위원회 회원인 치아오시의 헝가리 방문. 中国共产党中央政治局常务委员会委员乔石访问匈牙利
57	003682	슈뜨라우브 F. 브루노(Straub F. Brunó) 동지에 대한 중국의 초청. /니메트 이반(Németh Iván) 동지의 신임장 제정/ 中国邀请StraubF.Brunó同志/NémethIván同志递交国书/

57	004228	루카치 야노쉬(Lukács János) 동지의 중국 방문 일정. Lukács János同志访问中国日程
57	004334	중국의 어칠 동지 방문 연기 제안. 中国有关Aczél同志访问延迟的提案
57	004575	리펑의 태국 방문. 李鹏访问泰国
57	004912	베레츠 야노쉬(Berecz János) 동지 접견에 대한 중국의 준비 완료. 中国完成接见Berecz János同志的准备工作
57	004458/5-ig	바르꼬니(Várkonyi) 동지의 중국 방문 계획에 대한 중국 외교부의 반응. 中国外交部对Várkonyi同志访问中国计划的反应
57	004674/1-ig	중국 외교부 부장의 방문에 관한 소련 외무성의 안내. 苏联外交部对中国外交部部长访问的介绍
57	00182/7-ig	헝가리-중국의 관계에 대한 안내. 匈牙利-中国关系介绍
57	003629/1-ig	동독과 중국 외교부 간 합의. 东德和中国外交部间的协议
57	003334	리셴녠/전국정치협상회의(NPTT) 주석/과 깔러이 쥴러 (Kállai Gyula)/애국인민전선(HNF) 의장/의 회동. 全国政治协商会(NPTT)主席李先念会晤爱国人民战线(HNF) 议长KállaiGyula
57	003372	중국의 심계서 부장과 진행된 회담에 괸힌 보고. 与中国审计署部长进行谈话的报告
57	002974	대사보고. 大使报告
57	004513	헝가리-중국의 외교 협력 합의 준비. /헝가리 계획에 대한 중국의 인지/ 匈牙利-中国外交合作协议的准备 /中国对匈牙利计划的认识/

57	003914	소련과 (중국의) 관계에 대한 얀케준(Jan Kezsun) 중국 언론 담당관(의 안내).
		中国新闻负责人Jan Kezsun(?)对苏联和(中国)关系(的介绍)
58	001455/6-ig	중국의 내정에 관한 안내.
		中国内政的介绍
58	004669	중국의 새로운 기밀보호.
		中国新的机密保护情况
58	004072	수령-발송 목록 보고.
		收取-发送目录报告
58	00375	헝가리-중국의 당 대당 협력 사업 계획.
		匈牙利-中国政党间的合作工作计划
58	004004	중국에서 1988년 가을 중앙위원회 회의의 경제적 성과.
		1988年中国举行的秋季中央委员会会议的经济成果
58	004080	중국 공산당 중앙위원회의 9월말 전체회의에 대한 중국의 안내.
		中国对9月末中国共产党中央委员会全体会议的介绍
58	004643	중국 노동조합연맹 제11차 대회에 대한 짧은 평가.
		对中国工会第11次大会的简短评价
58	003787	평양의 세계청년학생축전(VIT)에 중국 공산주의청년단의 참가.
		中国共青团参加在平壤举行的世界青年学生联欢会(VIT)
58	003660	헝가리-중국의 내무성 사이의 관계.
		匈牙利-中国民政部间的关系
58	002332	소련-중국의 국경 조사 사업위원회의 결과 회의.
		苏联-中国边境调查工作委员会调查结果会议
58	004220	동독-중국의 법적 조력 합의 회담.
		东德-中国法律助力协议会谈
58	0022	중국의 테라코타 군대(진시황 무덤의 병마용) 전시.
		中国的兵马俑展示

58	00325/5-ig	헝가리-중국의 경제 관계. /루퉁(Lu Tung)에게 머려이 (Marjai) 동지의 초청장/ 匈牙利-中国的经济关系 /马列同志向Lu Tung发送邀请函/
58	002940	소련-중국의 경제 관계. /마슬류코프(Maszljukov)-티엔지원 회동/ 苏联-中国的经济关系 /Maszljukov会晤田纪云/
58	003690	헝가리-중국의 경제 관계. /합동위원회 회의 준비/ 匈牙利-中国的经济关系 /协同委员会会议准备工作/
58	004068	1988년 상반기 중국의 경제. 1988年上半年中国的经济
58	004093	유럽경제공동체(EGK)-중국의 관계. 欧洲经济共同体(EGK)-中国的关系
58	004507	야오이린 중국 국가 계획위원회 주임의 체코슬로바키아 방문. 中国国家计划委员会主任姚依林访问捷克斯洛伐克
58	004779	중국과 유럽 사회주의 국가들의 1989년 물품교환 목록 체결 발송. 1989年中国和欧洲社会主义国家缔结物品交换目录发送
58	002225/1-ig	헝가리-중국의 경제 무역 기술 학술 협력위원회 중국측 공동의장 리우지(Liu Ji)의 구제(救濟) 예상. 匈牙利-中国经济贸易技术学术合作委员会中方共同议长Liu Ji(?)的可能免责的设想
58	0038	Kínában dolgozó magyar kiküldöttek adóztatása. 중국에서 근무하는 헝가리 파견자들에 대한 과세. 向在中国工作的匈牙利使者征税
58	003322	사회주의 국가들과 관계에서 스위스 프랑 정산 철폐 가능성에 대한 중국의 징후. 中国在与社会主义国家贸易中取消使用瑞士法郎结算可能性的征兆

58	001218/3-ig, 001274/6-ig/87, 004013/2-ig/86	헝가리-중국의 이중과세 금지 협약 체결. /헝가리 측의 일시 제안/ 匈牙利-中国缔结禁止双重征税的协约 /匈牙利方面的日程提案/
58	002918	꺼뽀이 라쓸로(Kapolyi László) 동지의 베이징 프로그램 준비. /상하이의 "헝가리의 날" 관련/ Kapolyi László同志的北京活动准备工作 /上海的"匈牙利日"/
58	002375	중국의 상대 기관장과 나눈 회담에 대한 전국기술진흥위원회(OMFB) 의장의 보고. 全国技术振兴委员会(OMFB)关于和中国国家科学、技术委员会负责人会谈的报告
58	00573	헝가리와 중국의 정부 간 동물 위생 합의 체결에 관하여. 匈牙利-中国政府间缔结动物卫生协议
58	002121/2-ig, 004008/1-ig/86	중국에서 근무하는 해외 전문가들의 수용 조건들. /폴란드의 안/ 在中国工作的海外专家接收条件 /波兰的情况/
58	004642	1980년대 중국의 문화 관계. 1980年中国的文化关系
58	001582	헝가리-중국의 문화사업 계획 수정. 匈牙利-中国修订文化工作计划
58	003875	중국에서 해외문화센터 개소 건. 中国的海外文化中心开放
58	00932	베이징 헝가리 대사관 사업의 연간 평가. 驻北京匈牙利大使馆工作年度评价
58	002727	경제 정책 보고 요약. 经济政策报告摘要
58	003315	첸데쉬 엔드레 부인(Csendes Endréné)의 보고. Csendes Endréné的报告
58	003463	준비 계획의 달성에 대한 보고 요약. 准备计划达成报告摘要

58	003487	베이징의 헝가리 대사관과 니메트 이반(Németh Iván) 동지의 활동에 대한 기본 방침. 驻北京匈牙利大使馆及Németh Iván同志活动的基本方针
58	001275/3-ig	부다페스트에서 봉인한 기밀서류 특송 우편 자료. 布达佩斯封存的特快专递机密文件资料
58	001461/4-ig	베이징에서 봉인한 기밀서류 특송 우편 자료. 布达佩斯封存的特快专递机密文件资料

Box 번호	문서번호	제목
42	0021	차우셰스쿠의 몰락 이후 동유럽에 대한 중국 정치인들(의 견해). 齐奥塞斯库没落之后中国政治家对东欧(的意见)
42	00546	동유럽 변화에 대한 중국의 판단. 中国对东欧变化的判断
42	00546/1	소련과 동유럽의 변화에 대한 중국의 평가. 中国对苏联和东欧变化的评价
42	00546/2	동유럽에서 진행되는 변화에 대한 중국의 평가. 中国对东欧发生变化的评价
42	00722	헝가리-중국 관계에 대한 안내. 匈牙利-中国关系介绍
42	00722-1	헝가리-중국 관계에 대하여. 가까운 미래에 대한 제안. 对匈牙利-中国关系不久未来的提案
42	00722/2	헝가리-중국 관계에 대하여. 匈牙利-中国关系介绍
42	00722/3	티엔쳉페이(Tien Cseng-pej)의 방문. /헝가리-중국의 관계, 또르쟌(Torgyán)의 타이완 방문 등/ Tien Cseng-pej的访问 /匈牙利-中国的关系, Torgyán访问台湾等/
42	00722/4	중국 외교부 부부장의 방문 이후 관계 발전을 위한 헝가리의 제안에 대한 중국의 회신. 中国有关匈牙利对中国外交部部长访问之后关系发展提案的回复

42	00722/5	헝가리-중국 관계에 대한 중국의 평가. 헝가리의 타이완 정책에 관하여. 中国对匈牙利-中国关系的评价, 有关匈牙利的台湾政策
42	00722/6	헝가리-중국의 관계. /전국인민대표대회 사절단 및 첸치천의 방문/ 匈牙利-中国的关系 /议会使团和钱其琛访问/
42	00722/7	헝가리-중국의 관계. /헝가리-루마니아 관계에 대한 중국의 입장/ 匈牙利-中国的关系 /中国在匈牙利-罗马尼亚关系的立场/
42	001054	중국 외교 정책에 관한 안내. 中国外交政策的介绍
42	001054/1	전국인민대표대회 /의회/ 3월 회의에서 예상되는 새로운 중국외교정책 구상. 对3月举行的全国人民代表大会中新外交政策的构想
42	001054/2	동유럽과 소련에 대하여 중국의 예상되는 정책. /중국 외사국 국장의 의견/ 中国针对东欧和苏联的可能实行的政策 /中国外事局局长的意见/
42	001064/3	중국 외교 정책의 몇 가지 현안. 中国外交政策的几个问题
42	001054/4	중국의 외교 정책에 관한 안내. 中国外交政策的介绍
42	001054/5	소련-중국의 군사기술 관계. /소련 공산당 총회의 예상되는 결과에 관한 티엔쳉페이(Tien Ceng-pej)(의 의견)/ 苏联-中国军事技术关系 /(田曾佩对苏联共产党大会结果(的意见)/
42	001054/6	동유럽 정당과 소련의 변화에 대한 중국 정치가들(의 견해). /류화칭대장의 소련 방문/ 中国政治家对东欧政党和苏联变化(的意见) /刘华清访问苏联/
42	001054/7	중국 외교 정책의 상황에 대한 중국 외교부 국장(의 안내). 中国外交部司长对中国外交政策情况(的介绍)

42	001054/8	중국 외교 정책의 현안들. 中国当今外交政策的问题
42	001054/9	소련과 동유럽에 대한 중국의 평가. /핀란드 외무성 총비서의 베이징 회담/ 中国对苏联和东欧的评价 /芬兰外交部总秘书北京会谈/
42	001054/10	고르바초프(Gorbacsov)와 세바르드나제(Sevardnadze)의 사임에 관한 중국의 평가. 中国对Gorbacsov和Sevardnadze卸任的评价
42	001193	동유럽의 경험에 관한 "중국 정치 연구소" 전문가들의 의견. "中国政治研究所"专家对东欧经验的意见
42	001610	중국-베트남 관계의 정상화 가능성. 中国-越南关系正常化的可行性
42	001634	중국의 홍콩 기본법. 中国香港基本法
42	001993	중국과 타이완의 관계. 中国大陆和台湾的关系
42	002695	중국과 사우디아라비아 간 외교 관계 수립. 中国和沙特阿拉伯建立外交关系
42	002784	영국-중국의 관계. /홍콩/ 영국 수상의 중국 방문. /7월 24일-27일/ 英国-中国的关系 /香港/英国首相访问中国 /7月24日-27日/
42	002800	남북한 관계에 대한 중국의 견해. 中国对南北韩关系的理解
42	003247	상하이 총영사관/과 통상 대표부/ 건(件). 上海总领事馆与商务代表
42	003646	체코슬로바키아-중국의 관계 /체코슬로바키아 부총리의 베이징 회담. 1990년 11월 23일-24일/ 捷克斯洛伐克-中国的关系 /捷克斯洛伐克副总理北京会谈, 1990年11月23日-24日/
42	00469	티엔청페이 중국 외교부 부부장의 헝가리 방문 계획. 中国外交部副部长田曾佩访问匈牙利计划

42	00469/1	중국의 의견. /티엔청페이의 헝가리 방문에 관하여/ 中国的见解 /田曾佩访问匈牙利/
42	00469/2	티엔청페이 중국 외교부 부부장의 헝가리 /동유럽/ 방문 예상 시기. 中国外交部副部长田曾佩预计访问匈牙利以及东欧的预想日期
42	00469/3	티엔청페이 중국 외교부 부부장의 예정된 헝가리 방문. 中国外交部副部长田曾佩预计访问匈牙利
42	00469/4	티엔쳉페이의 회담 의제 제안. 田曾佩会谈议题提案
42	00469/5	티엔청페이 중국 외교부 부부장의 헝가리 방문. /1990년 8월 24일-26일/ 中国外交部副部长田曾佩访问匈牙利 /1990年8月24日-26日/
42	00752	달라이 라마의 체코슬로바키아 방문. /1990년 2월 2일-8일/ 达赖喇嘛访问捷克斯洛伐克 /1990年2月2日-8日/
42	00752/1	달라이 라마의 체코슬로바키아 방문으로 인한 중국의 제재들. 中国因达赖喇嘛访问捷克斯洛伐克而采取的制裁
42	001580	리펑 총리의 소련 방문 준비. 李鹏总理访问苏联准备工作
42	001580/1	소련-중국의 관계, 리펑의 방문. 苏联-中国的关系, 李鹏访问
42	001580/2	리펑 총리의 소련 방문에 관한 베이징 헝가리 대사(의 보고). 驻北京匈牙利大使对李鹏总理访问苏联(的报告)
42	001580/3	리펑 총리의 소련 방문에 대한 소련의 평가. 苏联对李鹏总理访问苏联的评价
42	001580/4	리펑 방문에 관한 소련의 안내. 苏联对李鹏访问的介绍
42	001580/5	리펑 중국 총리의 소련 방문에 관한 소련의 안내. 苏联对中国总理李鹏访问苏联的介绍
42	002831	태국-중국의 총리 회담. 泰国-中国总理会谈

42	002846	중국-싱가포르의 외교 관계 수립 준비. /리펑의 싱가포르 방문/ 中国-新加坡建立外交关系准备工作 /李鹏访问新加坡/
42	003186	유엔의 중국 외교부 부장과 예쎈쓰끼 기저(Jeszenszky Géza) 외무상 박사의 회동. 中国外交部部长和外交部Jeszenszky Géza博士在联合国会晤
42	002036	베이징 헝가리 대사관 옆에서 사고. 驻北京匈牙利大使馆前的事故
42	001611	전국인민대표대회/의회/에 대한 베이징 헝가리 대사관의 평가. /3월 20일-4월 4일/ 北京匈牙利大使馆对全国人民代表大会的评价 /3月20日-4月4日/
42	00159	중국에서 계속 긴장된 상황. 中国持续紧张的情况
42	00159/1	중국 내정 상황의 현안. /1990년 1월/ 中国当前内政情况的问题 /1990年1月/
42	00159/2	중국 내정상황의 실제적 전개. 中国内政情况实际问题的展开
42	00159/3	중국 내정에 관한 안내. 中国内政的介绍
42	00159/4	중국 내정 상황에 관한 베이징 헝가리 대사관의 평가. /합동위원회 회의에 제출/ 驻北京匈牙利大使馆对中国内政情况的评价 /联合委员会会议提供/
42	00159/5	중국의 내정 상황에 관한 요약. /1990년 4월/ 中国内政情况相关摘要 /1990年4月/
42	00159/6	중국 국내 정치계의 현안들. 当前中国国内政届的问题
42	00159/7	중국의 국내 정치 추세에서 몇 실제적 문제점. /지도부, 개혁/ 中国国内政治发展变化过程中的几个实际问题 /领导班子, 改革/

42	00159/8	1990년 말 중국 내정 상황의 주요한 특징들. 1990年末中国内政情况的主要特征
42	00786	조심스러운 중국의 정치 개혁. /중국에서 소련 공산당 중앙위원회 회의 영향/ 中国政治的谨慎改革 /苏联共产党中央委员会会议对中国的影响/
42	001060	"중국민주동맹"이 계획한 헝가리 회의에 관한 정보들. "中国民主同盟"计划在匈牙利举行的会议相关信息
42	001060/8	"중국민주동맹" 지도자들의 헝가리 방문 이후 중국 외교부의 관심. "中国民主同盟"领导人访问匈牙利之后中国外交部的关注
42	001292	티베트 문제에서 예상되는 소련의 입장. 苏联在涉藏问题上立场的估计
42	00764	중국의 관련 상대가 헝가리 국가회계청 청장에게 관계 수립 타진 서신 발송. 中国相关部门向匈牙利国家会计部门负责人发送的建立外交关系试探书信
42	001994	1990년 봄, 중국의 상황. 1990年春, 中国的情况
42	001457	중국-동독의 관계. 中国-东德的关系
42	001457/1	한반도 관련 중국의 의견. 中国对朝鲜半岛的意见
42	003056	중국-바티칸 관계의 문제점들. 中国-梵蒂冈关系的问题
42	001194	1989년 자료들에 기초하여 짧은 중국 경제 상황의 특징(보고). 基于1989年资料的中国经济情况特征的简短(报告)
42	001566	베이징 헝가리 대사에게 위임장(발송). /무역 관련 서류들에 대한 서명으로/ 向驻北京匈牙利大使颁发委任书 /有关贸易文件的签名/

42	00102	베이징에서 폴란드-중국 합동위원회 회의. /1990년 1월/ 波兰-中国协同委员会在北京召开会议 /1990年1月/
42	00102/1	폴란드-중국 합동위원회의 베이징 회의 /1990년 1월/ 결과. 波兰-中国协同委员会北京召开会议的结果 /1990年1月/
42	001995	중국의 경제 상황과 자유로운 외환거래 결산 체계에서 헝 가리의 협력 가능성. 中国的经济情况和在自由外汇交易决算体系中与匈牙利协作的
42	001995/1	헝가리-중국의 무역량 전망. 匈牙利-中国贸易量展望
42	001995/2	헝가리-중국의 무역. 匈牙利-中国的贸易
42	00763	헝가리-중국 합동위원회 중국 측 공동의장의 3월 방문 준비 완료. 匈牙利-中国协同委员会中国方面负责人3月访问准备工作结束
42	00763/1	헝가리-중국의 정부 간 합동위원회 제5차 회의에 대한 기 록과 제안들. 匈牙利-中国政府间协同委员会第5次会议相关记录及提案
42	00548	중국이 외국과 진행하는 교육 협력에 있어서 몇 가지 현안. 中国在与国外进行教育协作的几个问题
42	001646	중국 청년의 헝가리 교육과 이와 관련된 문제점에 대한 데브레첸 대학교(KLTE)와 홍콩 회사의 합의. ebreceni大学(KLTE)和香港公司有关中国青年的在匈牙利教育 相关问题的协议
42	001646/1	데브레첸 대학교(KLTE)와 홍콩 회사 사이 체결한 합의건에 대한 (중국으로부터의) 입장 표명 요청. 就데브레첸大学(KLTE)和香港公司间缔结协议事件(中方)要求 表明立场
42	003064	중국에서 헝가리 문화의 날. /1990년 11월/ 中国的匈牙利文化日 /1990年11月/
42	003064/1	중국에서 헝가리 문화의 날. /1990년 11월/ 中国的匈牙利文化日 /1990年11月/

42	003156	헝가리 통신사(MTI) 신임 베이징 특파원의 주요 사업에 대한 인지. 对匈牙利通讯公司(MTI) 新任北京特派员主要工作的认识
42	002801	(중국에서) 헝가리 출국 허가에 대한 중국의 심사 강화. 中国加强去匈牙利出国许可审核
42	0547	1989년 영사 보고 요약. 1989年领事报告摘要
42	002645	헝가리에 거주하는 중국인들의 영주권 신청. 居住在匈牙利的中国人申请永久居住权
42	00862	베이징 헝가리 대사관의 1989년 하반기 주요 과업 평가. 对驻北京大匈牙利大使馆1989年下半年主要工作的评价
42	001996	베이징 (헝가리 대사관) 문화 담당관의 당해 보고 요약. 驻北京(匈牙利大使馆)文化负责人当年报告摘要
42	002019	당해 보고 요약. /기밀문서/ 当年报告摘要 /机密文件/
42	001201	파기 목록 보고. 销毁报告目录
42	001201/1	기밀문서 목록 보고. 机密文件目录报告
42	001201/1	기밀문서 목록 보고. 机密文件目录报告

편역자(編譯者)

▌이희옥

성균관대 정외과 교수
성균중국연구소 소장
한국정치학회, 한국국제정치학회 이사
수도사범대학, 퉁지대학, 천진외국어대 겸직교수
지린대학 객좌교수 푸단대학 한국연구센터 고급고문
(전) 현대중국학회 회장
(전) 일본 나고야대학 특임교수, 중국해양대학 교수
(전) Univ. of Washington 방문교수

■ 저서
중국국가대전략연구
중국의 새로운 사회주의 탐색
중국의 새로운 민주주의 탐색 등

▌김보국

한국외국어대학교 헝가리어과 졸업
한국외국어대학교 일반대학원 동유럽어문학과 졸업
외트뵈쉬 로란드 대학교(ELTE, Eötvös Loránd Tudományegyetem)에서 박사학위 취득
(전) 외트뵈쉬 로란드 대학교 한국학과 전임강사
(전) 서울대학교 강사
(전) 글래스고 대학교(University of Glasgow) 초빙 연구원
(전) 성균관대학교 성균중국연구소 박사 후 연구원
(현) 한국외국어대학교 강사
(현) 성균관대학교 대동문화연구원 수석연구원

「에지뻬르쩨쉬 단편집(Egyperces Novellák)의 번역관련 문제와 대안적인 번역 방법에 대한 연구」, 「차쓰 기저(Csáth Géza)의 단편소설 〈마법사의 정원(A varázsló kertje)〉 연구」 등 다수의 문학 관련 논문과 「헝가리 외교기밀문서 중 1950년대 북한 예술인 관련 자료 해제」, "Forgotten era, forgotten people: The North Korean diaspora" 등 다수의 헝가리 문서보관소 소장 남북한 자료 관련 논문 게재.
조세희 소설 『난장이가 쏘아 올린 작은 공』 헝가리어 번역(A törpe), 나더쉬 뻬떼르(Nádas Péter) 소설 『세렐렘(Szerelem)』 한국어 번역, 『헝가리 외교문서로 본 북한의 문예』 등 다수의 저서, 역서 출판.

▎李熙玉

成均馆大学政治外交专业教授
成均中国研究所所长
韩国政治学会、韩国国际政治学会理事
首都师范大学、同济大学、天津外国语大学兼职教授
吉林大学客座教授
复旦大学韩国研究中心高级顾问
(前) 现代中国学会会长
(前) 日本名古屋大学特任教授, 中国海洋大学教授
(前) 华盛顿大学访问学者

■ 著作
《中国国家战略》
《中国新型社会主义探索》
《中国新型民主主义探索》等

▎金保局

韩国外国语大学匈牙利语专业学士
韩国外国语大学研究生院东欧语言文学专业硕士
匈牙利罗兰大学文学博士
(前) 匈牙利罗兰大学韩国专业教师
(前) 首尔大学讲师
(前) 格拉斯哥大学访问学者
(前) 成均馆大学成均中国研究所博士后
韩国外国语大学讲师
成均馆大学大东文化研究院首席研究员

曾发表"Egyperces短篇小说集中的翻译问题和相关翻译对策研究"、"Csáth Géza的短篇小说'魔法师的庭院'研究"等多篇文学类论文，以及"1950年匈牙利外交机密文件中北韩文艺相关资料解密"、" Forgotten era, forgotten people: The North Korean diaspora"等多篇匈牙利档案局所藏有关南北韩资料的论文。翻译出版韩国著名小说家赵世熙的小说《矮子射上去的小球》，匈牙利小说家 Nádas Péter的小说《爱》，以及《匈牙利外交文书折射出的北韩文艺》等多种著作。